中國學術思想 研究輯刊

十 編

林 慶 彰 主編

第 1 冊

《十編》總目

編 輯 部 編

儒道陰陽三家思想之起原研究

周 昌 龍 著

花木蘭文化出版社

國家圖書館出版品預行編目資料

儒道陰陽三家思想之起原研究／周昌龍 著—初版—台北縣
永和市：花木蘭文化出版社，2010〔民99〕
目 2+82 面；19×26 公分
（中國學術思想研究輯刊 十編；第 1 冊）
ISBN：978-986-254-330-6（精裝）
1.先秦哲學　2.儒家　3.道家　4.陰陽家
121　　　　　　　　　　　　　　　　　99016441

ISBN - 978-986-2543-30-6

中國學術思想研究輯刊
十 編 第 一 冊　　　　　　ISBN：978-986-254-330-6

儒道陰陽三家思想之起原研究

作　　者　周昌龍
主　　編　林慶彰
總 編 輯　杜潔祥
出　　版　花木蘭文化出版社
發 行 所　花木蘭文化出版社
發 行 人　高小娟
聯絡地址　台北縣永和市中正路五九五號七樓之三
　　　　　電話：02-2923-1455／傳眞：02-2923-1452
網　　址　http://www.huamulan.tw 信箱 sut81518@ms59.hinet.net
印　　刷　普羅文化出版廣告事業
封面設計　劉開工作室
初　　版　2010 年 9 月
定　　價　十編 40 冊（精裝）新台幣 62,000 元

《十編》總目

編輯部　編

《中國學術思想研究輯刊》十編　書目

《中國學術思想研究輯刊》十編
各書作者簡介・提要・目次

第一冊　儒道陰陽三家思想的起源研究

作者簡介

　　周昌龍，國立台灣大學中文系及中文研究所畢業，香港中文大學傳播研究所碩士，美國威斯康辛大學東亞文學與思想史博士。曾任香港浸會學院講師，中國時報駐紐約辦事處主任兼總編輯、國立暨南國際大學中文系主任、文藻外語學院院聘講座教授兼應用華語系主任等職，現爲國立暨南國際大學中文系暨華語所合聘教授兼華語文教學研究所所長。先後創立文藻應華系及暨大華語所。學術專長爲中國學術思想史、近現代文學、東西學術交流、傳播語言學與華語文教學等。其他專書著作包括：《周作人與新文化運動》（英文）、《新思潮與傳統》、《胡適與中國傳統》、《中國現代散文精讀》（主編）、《當代報導文學選集》（合著）等。

提　要

　　本論文主要探討先秦儒、道、陰陽三個主要學派的起原問題。

　　儒本是術士之稱，這術士不是方術之士，而是說文「術，邑中道也」之義的道術之謂，引申爲治國方法與學問的泛稱。西周是政教合一的社會組織，統治階層也就是知識階層，掌握的知識則是六藝。統治階層文武分途的需要漸漸明顯後，一部分世襲擅長文學知識的，超越了祝宗卜史的世職，另成儒這個群體，其特質相對於武事而言，便謂之柔。這是《說文》「儒，柔也，術士之稱」一語的來歷。六藝學問，本爲國家政典，其主體形成於周初，部分禮制如三年

之喪等，更可溯源到殷商。

　　道家一名原非先秦固有，實出於秦漢之際，其人亦非自覺地成一學派者。道家之得名，是由於老莊等賦道字以「萬物之所然也」（韓非解老）此一宇宙之元之新義，此一新義，不見於詩、書、易卦爻辭，道家諸作外，只見於易繫辭傳、管子內業篇心術篇、韓非子等書，時代約都不在孟子之前。則道家之道觀念，應爲戰國中後期之時代所孕育者。道家與儒墨等結集式學派不同，其思想非有單一宗派師承，而係獨立思想家之間互相激盪影響，難有單一源流，漢志所謂出於史官者，並非確說。道家思想志在破壞傳統禮治體制，回歸自然。其攻擊仁禮之批判性，又爲新興之法家所憑藉。

　　民國以後辯論陰陽五行的來歷，要不出二端。一以梁啓超、顧頡剛爲代表，以爲起於燕齊方士而造成於鄒衍。一以呂思勉、范文瀾爲星宿海，以爲是原始民族宗教之遺留。宗教遺留說似乎符合文化人類學之學術主流，但證以殷墟卜辭，則全不見陰陽五行痕跡，此說尚待證據通過。神秘意義的五行雖不見於詩書等古文獻，然左傳已多有記載，並非燕齊方士和鄒衍的專利發明。考其方術多與祝宗卜史之職業技能有關，則其體系雖創自鄒衍，其源流則與儒家六藝同樣古舊矣。

目　次

第二冊　孔墨論衡

作者簡介

　　陳維德，1945 年生，國立政治大學博士。長於義理及辭章，兼擅文字與書法。歷任台北市立師範學院、輔仁大學、東吳大學等校教授，現任明道大學講座教授兼上海復旦大學特聘研究員。

提　要

　　孔、墨兩家，自古號稱顯學；且俱以脩己利人之道，謀所以淑世濟民；而墨之非儒、儒之闢墨，乃若是其甚也！後之學者，亦每多評騭。然以立場各殊，持論懸絕；而或援儒說墨、援墨入儒，尤令人滋惑。因思就兩家之說，而為全面性之比較——庶使淄澠相氾者，各還其本眞；而其學術之流別，亦因之而益顯。

　　於是取其足資代表孔、墨思想之文獻，如《論語》、《墨子》等書，以為立論之主要依據；間亦採取有關經傳之言以為佐證。然後根據二家學說之主要內涵，歸納為若干門類，分別發其義蘊、抉其幽微。並以兩相對顯之方式，以見其同異所在，然後更藉比較論評以凸顯之耳。

　　文分九章：第一章為導論，意在揭示兩家相非之事實，以及前此學者之有關論斷，以明撰述本論文之緣起與作法；第二章探究孔墨思想之形成及其流衍，以為往後立論之參證；三至八章，則分別就天道及形上思想、人生觀、中心思想、政治、財經、教育諸門類，而將兩家之說，相互排比，以為疏通證明，見其同異，且為之論評焉。是為本論文之主體。第九章結論，則歸納前論，以

爲總結。凡二十餘萬言。

　　經由本論文之析探，於歷來孔墨間義理之混淆，雖或未足以息爭而止喙，然亦已獲得相當程度之疏導與澄清。諸如：仁愛與兼愛之歧異、人倫與天道之分途、尚文與尚質之懸隔、有命與非命之爭議、義利觀念之糾葛、教育內容之偏尚、政治理念之異趣，乃至人生理想之異同，皆嘗有所彰顯；而孔、墨思想之同而實異、異而猶同，其因果之際、得失之間，亦因之而愈明。至於愜當與否，則仍有待當世賢達之匡正焉。

目　次

第三冊　墨學之「義」之考察

作者簡介

　　湯智君，臺灣省苗栗縣人。國立臺灣大學中國文學系、東海大學中國文學研究所畢業，現任國立聯合大學華語文學系助理教授。著有：〈墨家義利相容論〉、〈墨、韓二子思想關係研究〉、〈墨子的施教與影響析論〉、〈先秦墨子喪葬思想初探〉、〈孔、墨「命」說之異同研究　從「知天命」和「非命」二說談起〉、〈韓非子法治思想述評〉、〈韓非子參驗論芻議〉、〈前期墨家論證法則之形式、蘊義與影響　以「三表法」為主的觀察〉、〈從《墨子·非儒》探析墨家與儒家論辯的焦點議題〉等墨學與法家韓非子學相關論文。

提　要

　　先秦諸子學術皆為救時之弊而興起，墨家亦不例外。根據《淮南子·要略篇》的記載，墨子「學儒者之業，受孔子之術」，但墨子認為儒門弟子並不能發揚孔學大端，為因應時代變革需求，於是另創學說。墨子根據國家各項情況「擇務而從事」地提出理治之方，表現在軍事行動上的是「兼愛」、「非攻」；表現在政治行為上的是「尚賢」、「尚同」；表現在社會經濟上的是「節用」、「節葬」、「非樂」；表現在宗教信仰上的是「天志」、「明鬼」、「非命」。墨子非常重視「義」，他又看重實際，因此墨家義、利並講，二者並不衝突。前述「十論」的宗旨在「興天下之利，除天下之弊」，也就是說它們既是正當又是有利於百姓的作為，因此我們可以說「十論」是墨子「為義之學」的主張。

「三表法」是墨子研判是非利害的論證法則，也是墨子知行合一邏輯的具體應用。第一表「本之者」是「義，正也。」的論證。第二表「原之者」充分可見墨子的主張完全從實際、實利的觀點出發。第三表「用之者」強調理論結合現實的實施效果。「三表法」是推演墨學之義包涵「政」與「利」兩面意義的哲學方法，「十論」均可用「三表法」證明。至於墨門集團汲汲於救世的行動，就是「義」的具體應用表現。墨家為「義」事蹟甚夥，無論是在楚、在齊、在魯、在衛、在宋，均可見墨子與墨家門徒自苦利公、不計毀譽、不惜身殉等感人至深的為義行動與精神。

墨家集團是一群具有知識，願意為理想獻身的勇士。墨家雖然在秦、漢之後衰微，甚至銷聲匿跡。這個曾經和儒家並稱為「顯學」的學派，無論在當代或現代，均有足以發揚者。本書是一本墨學入門的書，至盼這本書的付梓出版，能為昔日的顯學略獻爬梳之功，使現代人也能一窺墨家學術之堂奧。

目 次

第四冊 荀子的教育哲學——以「成德理論」爲進路

作者簡介

陳靜美，一位熱衷追求人生智慧、生命真理與嚮往永恆的理念實踐者，也是一位深度關懷人格涵養、社會關懷與文化傳承的教育工作者。所累積多年「教」與「學」之經驗，深知學習效果之成敗，乃在於心性之陶冶與德行之涵

養，且成就教育之契機，乃必須返回生命之本根以爲形塑。

　　有見於荀子探討「人性之實」的教育理念，乃當今世風日下的針砭之方，是以，愷切疾呼百年樹人之高等教育方針，應跳脫定執於理想面的（大學生）量的擴充、回歸植基於重新檢視與全面改善現實面的（大學生）質的提升。透過荀子教育哲學的啓發，堅信來自思維、反省、推論、批判、實踐、關懷等能力之薰習培育，確能找回屬於受教者的自信與意義，亦可重新肯定教育的內涵與價值。

提　要

　　一直以來，荀學於傳統儒學的定位中，即被列於「旁支」的地位。大部分的因素皆由於荀子對於心、性、天所持的看法，與孔孟迥異，但最根本的差異，還是來自其人性論的主張。荀子赤裸裸地呈現人性最眞實的面向，顯然很難與理想面的人性本善理論相互抗衡；這是歷史的確據，也是人性最難自我面對與眞實矯治的一面。並且，倘若人性始終處於自我安逸與滿足，那麼，教育理念將很難完全發揮其效力與功能，基此，探究荀子之性惡論應具有其時代意義與價值，尤有甚者，荀子教育哲學更加寓有豐富深刻之人生哲理與教育意涵。

　　荀子的教育理念植基於「性惡善僞」、「天生人成」，主張的是「以智識心」的學問理路。因著就「天生」方面言，皆是負面的、被治的，此無可云善；自「人成」方面言，皆是正面的、能治的，而此方可言善；荀子以認知與思辨爲主的「認知心」或「智心」，只要通過虛壹靜之工夫，與認知禮義，就能定是非、決嫌疑，並可以之來治性。因此，「心知」乃成爲荀子思想中，由惡向善的通路；而「禮義」則是客觀而外在的行爲規範，係出於慮積習僞之創制（荀子所見於天者如此，故禮義法度無處安頓，只好歸之於人爲），是以，荀子的絕對精神與主體精神不立，遂轉而朝向客觀精神發展。

　　本書欲自荀學的基本性格，也就是客觀精神之體現著手，透過荀子對於「認知心」、「性惡」、「自然天」的精湛解析，對比孟子與荀子之於性善性惡論證，以及工夫修養的深入闡述，彰顯荀子「成德之教」之積極有爲的入世教育論，提供現代落實生命教育之新視域思維。

目　次

序　言

第五冊　《老子》自然思想的考察

作者簡介

　　黃裕宜，1976 年出生於臺灣桃園縣，2008 年取得臺灣大學哲學博士學位。主要研究領域爲先秦法家哲學，研究興趣除中國哲學外，關於西方哲學中的倫理學、認識論與美學亦有涉獵。曾任臺灣大學哲學系助教、臺灣大學共同教育委員會助理、行政院國家科學委員會研究助理以及世新大學通識教育中心兼任講師。

提　要

　　本論文共計四章，兼合前言與結論。首先，前言包含釋題、澄清目前相關的研究方向以及本文的範圍限制三部分。第一章蒐集並釐清先秦關於「自然」一詞的使用情形。據此分析「自然」一詞的時代意義，然後突顯《老子》思想在先秦思想中的一般性與特殊性。最後提出先秦自然思想的發展，與學者史官的背景息息相關。第二章深入探討《老子》中的「自然」含意及其相關概念，

並藉由「自然」的現代含意，分析其同異之處。再則強調其以自然經驗的認識為基礎出發，絕非無的放矢之空論。第三章為《老子》思想的基礎論，以自然哲學總體自然律的「道」，與個別自然存在的元素，如天、物、氣……等等為考察的對象，可洞見除了「自然」一詞的概念外，亦有其他豐富的自然思想。第四章則回到自然思想的應用層面，須知人亦屬自然存有物的一部分，分為修身與治國兩部分，強調老學較易被忽略的「人道」思想。結論則對於本論文的要點提出說明，以及再檢討筆者所提的理論。總而觀之，本論文的發展進路，大致可分為「自然思想的界定」、「基礎理論的闡釋」與「應用層面的分析」三個方向。全文採取「道術合一」之立場，即天道與人事並重的觀點，即為漢代黃老家所言：「故多為之辭，博為之說，又恐人之離本就末也。故言道而不言事，則無以與世浮沈；言事而不言道，則無以與化游息。」(《淮南子·要略》)

目　次

第六冊　老子環境倫理思想

作者簡介

沈春木

學歷：南華大學哲學系所碩士‧國立臺北師範學院學士。國立嘉義師範專
　　　科學校。

經歷：國小教師。國小組長。國小主任。

現職：南投縣久美國小校長

座右銘：「致虛極，守靜篤。萬物並作，吾以觀復。」──（《道德經》第
　　　　十六章）

提　要

本文「老子環境倫理思想」分成六章論述，依序為導論、西方環境倫理
思想、老子「道」的詮釋、老子「道」的環境倫理思想、老子環境倫理思想
之實踐工夫以及結論。在第一章導論中，陳述本文之研究動機與目的、研究
範圍與材料及研究方法與進路。在第二章西方環境倫理思想中，將西方環境
倫理思想中的三大思想──「人類中心倫理」、「生命中心倫理」、「生態中心
倫理」作一環境倫理思想與原則的介紹。第三章論述老子「道」的詮釋，本
文在老子「道」的形上學詮釋系統上，採用的是牟宗三先生的「主觀境界形
態」詮釋系統，並依據牟先生的「主觀境界形態」詮釋理路，對「道」的雙
重性──「無」與「有」及「境界形態形上學」等概念加以整理及論述。第
四章是論述老子「道」的環境倫理思想，「道生之」，道是以「不生之生」、「不
塞其原，不禁其性」的方式實現了天下萬物，繼而「德畜之」以「德」來潤
澤涵養萬物。因為天地萬物都是「道生之，德畜之」，所以萬物莫不「尊道
貴德」，道所以受尊崇，德所以被珍貴，是因為它們無施無為、順物自然的

生長化育。第五章是論述老子環境倫理思想之實踐工夫，中國哲學是重生命、著實踐的學問，異於西方哲學重思辨、著知解的學問，老子的文本中也蘊含了豐富的環境倫理實踐工夫，有「守道修德」、「簡樸生活」及「靜觀美學」等實踐工夫。第六章，將前面各章做一內容之概述回顧與結語。

　　本文以老子《道德經》文本、王弼注老子之通行本爲研究主軸，以西方環境倫理思想做爲理解環境倫理思想的基礎，並採用牟宗三先生「主觀境界形態」爲老子哲學思想的詮釋依據，企圖開顯出老子文本中的環境倫理思想，並闡揚出老子環境倫理的實踐工夫，期能爲當代環境倫理思想的義理注入一股新的泉源，進而爲當今環境永續發展提供一帖良方良劑。

目　次

第七冊　《韓非子》〈解老〉、〈喻老〉研究

作者簡介

　　唐淑貞，臺灣高雄人，民國五十四年生。淡江大學中文系、中央大學中文研究所畢業，現任教於輔英科技大學。著有〈韓非子解老‧喻老研究〉（碩士論文）、耕讀〈進入文學花園的 250 本書〉（合編）、國文教學論文集（合著）。

提　要

　　《韓非子》中〈解老〉、〈喻老〉，乃一代疏解《老子》最早見之本子，也

是將老學引入權術運用之典型代表。由於歷來學者對〈解老〉、〈喻老〉兩篇之成書年代、作者問題爭訟紛紜，一直未能對其思想內容作一完整之呈現，以致或視其義理爲道家，或爲法家，甚至儒家者，使其思想內容之歸屬搖擺不定。

本文即擬對〈解老〉、〈喻老〉此種思想性格之複雜現象作一探賾，進而提出一合理之詮釋。並藉由對〈解老〉、〈喻老〉之重加檢視，以期釐清兩篇中雜揉早期道家與法家、黃老道家複雜的義理性格，進一步評析〈解老〉、〈喻老〉對經文體悟之得失。

爲達到以上爲文之目的，本文除首末兩章爲前言、結語外，共分四章進行析解論述。

第二章乃就歷來學者對〈解老〉、〈喻老〉時代與作者之討論作一概略反省，並斷定此兩篇乃法家後學在現實環境之時代需求下，與黃老道家結合所產生之作品。

第三章透過法治、任術、勢尊、尚功利等標目，以檢視〈解老〉、〈喻老〉雜揉法家思想之情形，而由兩篇的內容中出現多處明顯的誤解、援用之情形以觀，援道入法之是極其明顯的。

第四章則透過安定形神、重仁義禮智、於道外又言理、主因循待時等標目，以觀〈解老〉、〈喻老〉中雜揉黃老思想之偏頗，可知作者除受本身理論性格而影響了解喻內涵外，亦受當世黃老學說盛行氛圍之習染，方使解喻的內容有如此之偏轉衍引。

第五章乃略依〈解老〉、〈喻老〉對道之本體論、價值論、修養論及政治論四方面之論析，以反省其對《老子》義理思想之體悟得失。

觀〈解老〉、〈喻老〉釋喻的過程中，不時雜揉法家與黃老思想之理論色彩，此一者是解喻者藉以援道入法的義理轉向，二者是因應時代風氣之現實要求。而更可推知的是，老學本身之空靈智慧，在缺乏客觀規範下廣爲各家各派所援用的歷史迴響。

目　次

身國一理的《老子河上公章句》

作者簡介

　　莊曉蓉，1978 年生，台灣宜蘭人。華梵大學東方人文思想研究所碩士，碩士論文：《身國一理的《老子河上公章句》》。現為淡江大學中國文學系博士生、淡江大學講師。

提　要

　　《河上公章句》的道論，是由道、一，與氣所建構出來的。由於中國古代思想的方式，並非以存有論及宇宙論作區隔，因而在理解《河上公章句》之道論時，應以同情的理解來識知其架構，以探知其旨趣，在於說明萬物之價值目標及追求價值的可能性。

　　《河上公章句》的氣概念可分為三個層次。一是大化流行的太和之精氣。二是天所施予萬物的精氣，也可以說是道所施予。三則是就人而言的精氣。經

由這三個層次的氣，構成了《河上公章句》的氣化萬物系統。

《河上公章句》的治身之法，重在形與神兩方面的愛護。在形軀方面，講求口鼻呼吸、九竅四關、五臟藏神的重要觀念。在精氣神方面，展現人的特殊性也表現人的主體性。

《河上公章句》講求治身以達長生，實際上是一種內聖外王的追求，講求內治身而長存，對外治國而致太平。《河上公章句》是以君王作爲預設讀者，其中以治身爲工夫，治國爲目的，可從三方面來說：一則君王爲天下保其身；二則君主正身以化民；三則君王以治身之法治國，是君王經由治身所體悟的無爲而天下自化的道理之實踐。

《河上公章句》是以樸實的古代氣化觀來建構其理論，以天道推演人事來尋求人世問題的解決之道，其要旨全然不出於司馬談所論之漢初道家。

目　次

第八冊　無爲與自然——老子與海德格美學思想之比較研究

作者簡介

　　宋定莉，靜宜大學中文系畢。東海大學哲研所碩士。東海大學哲研所博士。東海大學中文研究所博士班。

　　曾任教於育達技術學院通識中心、靜宜大學通識中心、國立台灣體育大學通識中心、勤益大學通識中心。

　　現任朝陽科技大學、台中技術學院等校通識中心兼任助理教授。

開設有「西方美學史」、「中國古典經籍導讀」、「國學常識」、「美學與藝術」、「生命教育」、「心靈經典導讀」、「生命的故事」、「人生哲學」……等課程。

著作有:《有與美—海德格美學思想研究:從存有與時間到詩語言思想》,編著有《台灣河川風情》中部、南部、東部等篇〈漢光出版社,民88年〉

曾獲靜宜大學蓋夏文學獎的散文和新詩佳作、教育部98年度生命教育典範學習計劃全國徵文比賽的大專組優等、東海大學文學院學生學術成果研究成果佳作等獎。

提　要

自二十世紀六十年代,存在哲學在台灣蔚為一股風潮,海德格與道家之間的奇妙相似性,就成為學界中不斷研究、討論的一個主題,幾乎半個世紀過去了,很可喜地,在臺海兩岸,不斷有優秀和傑出的譯著和專論推出;而英美方面,我們所看到的,雖然不是對老子與海德格哲學直接的比較、研究,但凡屬東方思想,海德格仍是最常被拿來比較、討論的哲學家。

本論文亦為建構在此「同情理解」與「溝通詮釋」視野之下,嘗試去做「東西對話」的一種努力,從經典詮釋之觀照下,對《老子》與海德格之著作,再做一番新的評比及整理,當然,所涵蓋之範圍及內容,並不逾越前人已有的成績及規模,也可以說,本論文寫作之基礎亦建構在此種思考範圍之內,但仍深切地期盼:這樣的理解以及整理,多多少少在此時此刻的此地,具有一種屬於它地「現實在存」〈Dasein〉之性格,同時也希望這樣拋磚之作,能夠引起更多更深入之探討,還望讀者諸君不吝地批評指教。

本論文共分六章,可視為二個部份,第一部份處理海氏與《老子》思想相同之處、首敘老子思想淵源與道之理論基礎,再敘《老子》之藝術精神,闡明道即美即真;後再引介西哲海德格之基本存有論之思想:思想的小徑即是通往存有之開顯,亦為本源之大道〈Ereignis是晚期海德格的重要概念,在此先以大道姑且翻譯之,張祥龍先生譯為:大道的緣構發生〉;最後則是比較二家的思想:如道與存有、有無之間地關係;第二部份則為探討海氏與《老子》的美學理論,以無為與自然為標舉,分別比較其美學系統中應縈縈大者的觀念:如解蔽〈reveal在此使用蔣年豐先生的翻譯名,此詞通常翻譯為開顯〉與滌除玄覽、「真」〈Truth、Wahrheit真理,具有wahren持續之意〉與「明」、「寂靜」〈silence〉與「靜」、「復」……,最後則匯歸至終極之大道:明聖人原天地之美而達萬物之理,這不僅為中國儒釋道三家會通之所,亦為

中西方大哲之所同然，在生命之本然、宇宙底深處，大道開顯、萬聖同寂、
眞美同源、沉默道說：

> 「我們
>
> 姍姍地遲來　（對於）諸神
>
> 卻在古早的太初　趕赴存有
>
> 存有底詩
>
> 起始　便是
>
> 人」

目　次

第九冊　莊子學述

作者簡介

莊萬壽　現任長榮大學講座教授。

1939 年生於台灣鹿港。十八歲開始讀莊子，習作古文、詩詞，有志於中國思想史、文學史之研究。畢業於台灣師大國文所。曾任台師大國文系教授、人文中心主任、師大學報編委兼執行編輯。日本京都大學外國人招聘教授、韓國啓明大學客員教授、東京大學研究員。長期研究先秦、六朝、隋唐具有批判傳統封建思想的專書。稍後擴及對台灣文化思想的論述，曾創設台師大台灣文化文學研究所及長榮大學台灣研究所。前後擔任台北市長文教顧問、行政院公投委員、教育部漢學指導會委員、國語會委員、報社主筆、台教會會長。著有《莊子學述》、《列子讀本》、《嵇康研究年譜》、《莊子史論》、《道教史論》、《史通通論》、《台灣論》、《中國論》、《台灣文化論》等書。

提　要

1. 重新考證莊周生卒年代為 B.C.372-300，並繫以年表。而以為莊書是從戰國末至漢初的莊子學派之論述總集，打破內、外、雜篇不同價值的偏見。

2. 全面挖掘六朝《莊子》學著作，並認為郭象未竊向秀《莊子注》。並為六朝莊子學提供研究文獻與引導研究方向。

3. 學術上首次全面考證莊書三十三篇各篇的作者及其時代。肯定〈盜跖〉、〈胠篋〉諸篇思想史價值。

4. 以現代學術方法與分類，論述莊子思想與文學，並較早的探討莊子與存在主義關係。

5. 本書原出於《台灣師大國文所集刊第 14 號・1969》的單行本。新版另附有關〈莊子內篇思想體系之研究〉，〈史記老莊申韓合傳〉兩文。此外，作者另有《莊子史論》一書可作參考。

目　次

第十冊　《莊子·天下篇》研究

作者簡介

　　楊日出，男，民國 31 年出生於臺南縣新營郡柳營庄小腳腿保健組合宿

舍。先後畢業於臺灣省立成功大學中國文學系及高雄師範學院國文研究所碩士班。志學以來，每感師友親人，對我啓沃實多。歷任斗六中學教師、師專講師、嘉義大學副教授；現爲嘉義大學中文系兼任副教授。教學之際，偶亦不敢太於筆政。比年所撰除《楊愼生平及其文學》外，另得〈明楊愼興教寺海棠詩析疑〉、〈論杜甫詩史與史家四長〉、〈明人楊升菴的讀書與寫作生涯考論〉等篇，常思用此就教於大方之家。

提 要

莊子天下篇本是一部南華眞經的具體而微，同時也是一幅先秦學術、百家思想發榮滋長的卷軸，展現一派百川灌河的瑋氣象。

本研究首先提供天下篇這一把金鑰——以卮言爲曼衍、以重言爲眞、以寓言爲廣，可以開啓漆園的神奇世界，更可據以盯衡道家者流的原始與要終。

其次，推斷天下篇初稿乃莊周晚年所完成，並非荀卿「序列著數萬言」，後來闌入莊書成爲「天下篇」者，按荀子著書態度之嫉濁激憤，究竟與莊子天下篇之「莊語」迥異其趣。

另外，再論天下篇所傳正是道家的思想，毋庸置疑；而「惠施多方」以下是否原屬天下篇問題，但須質之二事，便可迎刃而解。一則，惠施的方法論，乃百家學術共享的資源，名學自然成爲當時的顯學；再則，揆諸史乘（如國策、呂覽），知惠施忠君輔政，愛惜民力與官費，以至懷抱氾愛萬物的高度理想，莫非與古道術「以仁爲恩」相毗鄰？此所以天下篇以惠施作結，其章法佈局，更見深閎矣。

最後，揭示天下篇影響後世至深且鉅者，舉其犖犖大端，則莫先乎「內聖外王之道」此一名義。蓋中國之一切學術，一切思想，稽考前言往行，大率歸本內聖外王而取精用宏。至於後世學者仍不免有誤解莊子學說及道家思想猾稽亂俗者，不妨持天下篇的莊語之說以衡鑑之，或幸能還其本眞！

目 次

第十一冊　《列子》「命」概念及其相關問題研究

作者簡介

謝如柏，1973 年生，台灣大學中國文學系博士，現爲暨南國際大學中國語文學系助理教授。主要研究領域爲六朝佛教思想、魏晉玄學、道家思想。著作有《從神不滅論到佛性論　六朝佛教主體思想研究》、《《列子》「命」概念及其相關問題研究》，以及〈梁武帝「立神明成佛義記」形神之牧熔袢祥 P 向佛性思想的轉向〉、〈從涅槃經、眾生正因說到沈約的神不滅思想　南朝佛性學說與形神理論關係之考察〉、〈目的與工具之辨楊朱思想的論證基礎與根本關懷〉等論文。

提　要

本書以命定論與自由意志之間二義乖背的問題爲切入點，運用語言分析哲學的方法，針對《列子》書之命概念及其相關問題進行分析與闡釋。在形上學部分，本書確立了「自生自化說」的目的論式解釋，指出《列子》其實肯定存在物之間具有因果關係的聯繫，並對「不生不化者」作爲一切存在之根源的理論意義給予釐清。在「命」概念部分，則澄清了學界一向認定《列子》屬於「命定論」或「宿命論」的誤解，指出「命」必須在自生自化的目的論式解釋下才能得到理解，命只是「一切自然而然，沒什麼目的可言，不知爲何會如此的現

象」，從而消解了命定與自由如何並立的困難。在面對「命」的態度方面，則澄清了學界普遍認為〈楊朱〉篇鼓吹縱慾享樂的看法，指出《列子》所追求的乃是超越生死之自然限制以及人類建構之社會限制的精神自由。這事實上是面對無可理解又無力改變的現實世界時，試圖超越的努力。

　　本書是作者 1999 年完成之碩士論文，由林麗真教授指導。

目　次

第十二冊　「管子四篇」的黃老思想研究

作者簡介

　　陳政揚，東海大學哲學系博士畢業。曾任職東海大學哲學系、靜宜大學通識教育中心兼任副教授。現職南華大學哲學系專任副教授。研究領域包括宋明理學、先秦儒道哲學、黃老哲學與法家哲學。著作有《孟子與莊子「內聖外王」比較》（2003）、《張載思想的哲學詮釋》（2007）及相關論文二十餘篇。

提　要

　　「管子四篇」在當代中國哲學得到重視，主要是受到兩個重要事件的影響：其一，是在 1944 年，郭沫若先生主張應當將〈心術上〉、〈心術下〉、〈白心〉與〈內業〉等四篇，視爲《管子》中的一個類集來研究：另一則是在 1973 年長沙馬王堆三號漢墓帛書的出土。前者使我們注意到「管子四篇」在《管子》書中的獨特性，後者則提供清楚的黃老思想風貌，使我們能藉此重新檢視包含《管子》在內的先秦經典，判讀何者可以歸屬於黃老學著作，以及哪些經典著

作中又曾受到黃老思想影響。然而不可否認的是，從 1944 年至筆者寫作本論文當時（2000），關於「管子四篇」的研究，多數學者的主要關懷還是在修養論或政治思想上。至於「管子四篇」與《老子》書中的道論是否有繼承與轉化的關係？二者的道論又有何共通的觀點？彼此的根本差異為何？以及天道如何能下降為治道等等問題？都鮮少有學者以專書或專題論文的方式處理。基於此，本文嘗試從不同的思想面向上，探討「管子四篇」如何透過其「心術」觀，銜接天道與治道，進而發展為以「道」兼綜儒、墨、名、法以及陰陽各家所長，呈現出王霸雜陳、刑德並用風貌的南面之術。

目　次

管子道法學述義

作者簡介

　　施昭儀，台灣台中。1985 畢業於輔仁大學中國文學研究所。師事史師次耘，受業於臺師靜農、孔師德成、王師靜之、王師夢鷗、葉師慶炳。論文研究側重先秦諸子學術。1985 始，服務於弘光護專（今已改制爲「弘光科技大學」）迄今。所開課程有，義理之學：傳統與創新、台灣文學、應用文、大一國文。

提　要

　　管子一書，以其踳駁難讀、問題重重，故後世學人鮮有問津者。今詳觀其文，始知是書內容弘博精深，與先秦學術至爲密切。自昔以降，此書備受論爭之焦點，多在其歸類諸子學術家別上之探討；尤以爲「道」抑「法」之爭最甚。今仔細研析期間，迺知「道」、「法」二家，爲管子書主要思想；但書中亦兼廁以諸家之說，故亦有以爲此書乃「雜家」之言。是以本論文之作，廓清一切，惟擇其爲「道」、「法」之屬者，加以申論，俾明此二家言之旨趣；並詳其與先秦學術之關係，則管子書庶幾可觀於今世矣。又從而辨其爲「道」爲「法」之源流，研考先秦諸子學術流派若干問題，則管子書之學術家別問題，於此亦庶幾可得而解矣。故本論文，除結論外，計分論四章、凡十二節。

　　首章，管子書辨，敘管子一書之外緣問題，尤其關乎學術流變過程，以探討本論文主題－道、法之辨。

　　第二章，排比析理管子書中相關之道家學說。

　　第三章，排比析理管子書中相關之法家學說。

　　第四章，述管子書中「道」、「法」之說，與先秦諸子「道」、「法」諸說之比較。

　　結論：其一，管子書「道」、「法」之說與諸子有別，此書於先秦學術中應有其獨立地位。

　　　　　其二，從明辨先秦「道」、「法」二家學說之關係，管子書之「道」、「法」二說皆可得其歸趣。

　　由於古本管子今已不傳，所以本論文管子書版本之選擇，以上海涵芬樓之常熟鐵銅樓藏宋本景印本管子，簡稱宋楊忱本，亦即四部叢刊本爲依據。又，管子書文字舛錯不少見，爲能明其大義，多輔以許蓋臣管子集斠爲詁訓訂正之用。

目　次

第十三、十四冊　兩漢黃老思想研究

作者簡介

　　鄭國瑞，一九六七年生，臺灣臺南人，中山大學中文學士、碩士，政治大學中文博士。目前任職於文藻外語學院應用華語文系，副教授。致力於書法研究，專書編有《臺灣書法家小傳（1662-1945）》，著有《郭尚先—清代臺灣書法個案研究》，以及〈明鄭時期的臺灣書法〉、〈楊賓之書學觀〉、〈華語教學之書法教學經驗談〉等單篇論文。

提　要

　　黃老思想是中國學術史上一個重要課題，由於書闕有間，致使黃老思想的研究，未受到學術界重視。自二十世紀中後期出土了大批相關久已亡佚的資料，黃老思想重新被探討，不僅彌補了古代思想史的許多缺頁，也修正了若干重要問題。然而多數的討論主要集中在先秦時期的發生與發展上，而兩漢時期卻未見全面性的論著，因此本文主要著重於探討兩漢時期的黃老思潮，從它藉以產生的特定歷史條件，去尋求它的可解釋性，以及落實於現實面的情形，並藉此了解此思潮影響之處。

　　本文除了第一章緒論，第七章結語之外，計分五章論述兩漢黃老思想的核心論題在各階段顯現的情形。分別是第二章探討黃老形上之道的理論特點與發展。《淮南子》與王充可代表前後階段的思想傾向。第三章探討黃老的政治思想。主要表現在文武並用的治國根本原則、無爲之治的理想、法治的理論革新、不廢用兵的軍事思想。第四章探討黃老養生思想。從《淮南子》與《河上公老子注》的觀察，可以看到這一方面的思想變化。第五章探討黃老思想在現實面的功用。黃老思想不單是史書記載在漢初政治彰顯其作用而已，往後各階段多少仍受其影響，而且黃老思想除了用諸政治之外，作爲個人修養、行事準則，對兩漢士人也有很深的影響。第六章討論黃老道教典籍中的黃老思想，由此瞭解黃老思想轉爲宗教性質後的改變。

目　次

第十五冊　賈誼《新書》思想探究

作者簡介

　　陳司直，台灣省高雄縣人，國立中正大學中國文學研究所畢業，高雄國立師範大學國文研究所候選人，現任職於吳鳳科技大學通識中心講師。主要研究領域爲先秦兩漢諸子思想。發表論文〈先秦神仙思想之「長生不死」觀〉、〈自柳宗元諷諭作品談其生命之悲怨情懷〉、〈略論《昭明文選》志類賦〉、〈董仲舒對漢代儒學質變量變及影響〉、〈彭曉《周易參同契分章通眞義》「修丹與天地造化同途」時空義意和「元氣」思想〉、〈嵇康六言十首探析〉……等著作。

提　要

　　漢初建國朝廷尙黃老思想，惟以「清淨無爲」作爲政治方針，而漢初諸學者於董仲舒提倡儒術之前，文、景時期，唯賈誼能審時度勢提出各方建言的學者，其思想主張影響了漢初景、武二帝的治國政策。賈誼除了治國上的主要政策建言之外，思想精神方面，亦意圖爲漢代政治社會建構一形上根據和價值標準，其精神思維則表現於其哲學思想的創思上，提出道德論解釋宇宙創生之形上根源問題，建構其尙「六」的人生價值體系，也提到天人相應說作爲其民本思想的憑依。政治上賈誼擅於分析時勢，從法家「勢」的觀念，指出當時制度疏闊和諸侯坐大問題，要求中央以強力鞏固中央政權。社會思想方面，主張以儒家「禮」爲本，尊君卑臣，以禮「定經制」。作爲治國政權的依據。經濟思想上要求國君重農本，抑商業，改革幣制，重本、蓄積、戒奢、禁私幣。對於漢初的「和親獻賂」的外交政策，賈誼則提出具體的「三表」「五餌」方法，企圖改善與匈奴以來長期的對立衝突。

　　觀賈誼《新書》一書，實包含了漢初哲學、政治、社會、經濟、外交等個方面的問題，也包含了賈誼對漢初整個國家局勢和政策的分析，也提出他各人的思想見解，惜賈誼提出的各種政策，雖未爲文帝所重用與採納，但後爲文、景二帝至漢武時期政商社會打下了治國藍圖。

目　次

第十六冊　西漢前期禮法思想的演變與發展

作者簡介

張菀玲，1973 年生於台灣生高雄市，畢業於國立清華大學中國文學研究所博士、碩士，東海大學中國文學、法律學士，曾任教於文藻外語學院、私立仁德醫護專校，目前擔任林聰舜教授的國科會計畫博士後研究員，及清華大學兼任助理教授，研究領域主要為先秦諸子、漢代思想。

提　要

秦依法家精神訂律，漢承秦制，對秦律多數承沿，而中國傳統法學由法家之律轉變為儒家之法的關鍵，正是儒法交鋒、禮法結合的西漢前期，本論文以此為時間軸，配合出土材料、歷史演變以及政治意識型態發展，探討中國法制禮法合流關鍵時期的演變。首章說明漢初統治困境，包含政治、經濟、社會等各方面問題，與承秦制度、反秦思潮之矛盾。二至六章則分別究論黃老、陸賈、叔孫通、賈誼、《淮南子》、董仲舒的禮法思想。從法思想的演變歷程來看，黃老道法思想承繼許多先秦法家之法的特點，陸賈談法大抵仍循先秦儒家談法的傳統路線，此時言法觀點，與先秦思想較接近。黃老禮思想強調實際政治的作用，叔孫通言禮主要還是「漢家禮儀」，陸賈談禮多是人道秩序在日常生活的最基本原則，此時所言之禮，都以實用、簡單、必要為主，力求適用漢初政治社會的情況。經過一段時間的休養生息後，西漢整體政治情勢、社會條件轉變，學者不再空泛地講理論性的法，也建構更富理想、內容完備的禮，他們將漢朝的政治需求、社會條件、禮教目的都考慮進去，賈誼要求依照禮教需求、結合強制力量「定經制」，《淮南子》則主張應從時間與空間深入思考禮、法本質，改變帝國統一的禮制、法制，他們的禮法思想，都漢帝國秩序的建立有關。

董仲舒是西漢禮法思想發展的一個關鍵點，他以儒學建構了一套德禮為主

的治道觀，法爲刑、爲律、爲權、爲末的輔佐地位確定，其獨立性或理想性已不再重要，中國傳統法的地位與禮法關係從此定型。同時，董仲舒又統合儒家倫理秩序與現實政權需求，論述一套能夠兼合質文、統合前人主張的禮學。

　　不論是透過制禮辦法或決獄之事，一旦禮的思想透過三綱、經制、司法判決之類而宣達，其思想意涵所傳達的道德意識與社會價值等，將不斷隨著實踐行爲「內化」成爲個人信念的一部份。人們只要遵守某些日常之常理規則便能符合禮的精神，無須再有法律強制的規範，用刑罰強迫人們實踐禮數是等而下之的作法，這也成爲漢儒對於禮法關係的共識。

　　經過這樣的發展，漢律儒家化、漢禮法制化的變化、交融大抵完成，漢經過董仲舒的春秋決獄後，禮學理論具備，司法實務也可以收攝在其禮法觀點中，於是法律與道德結合，「以禮入律」或是「引禮注律」更難區分，立法與復禮已是可以合二爲一了。

目　次

第十七冊　由「適性安命」到「達生肆情」——西、東晉士人應世思想之轉折

作者簡介

　　王岫林，1973 年生，高雄人，國立中山大學中國文學博士。主要研究方向爲魏晉思想，發表碩士論文《由「適性安命」到「達生肆情」——西、東晉士人應世思想之轉折》、博士論文《魏晉士人之身體觀》。另發表學術論文十餘篇，散文隨筆散見於報章。

提　要

　　魏晉玄學的重心在於儒玄兼融的思想，歷來學者對此也作了許多闡釋，但多以單一思想家作爲研究對象，或是探討整個時代的思想取向。但在西晉過度至東晉這個時期士人心態上的轉折與思想的轉變上仍有一些可資探索的空間，故而本篇論文基於此而將時代定在西晉末年至東晉中期，欲由此呈顯出此時期不同的時代風貌，而郭象與張湛是處於西晉末與東晉中期的重要思想家，藉由他們思想上的異同之比較，可以窺見當時思想與風尚。

全文共分爲六章：

第一章：緒論。此章主要是陳述本文之研究動機，說明研究方法及時代上的斷限，並界定「儒玄兼修」這個詞語之定義。

第二章：西、東晉時代背景解析。對於西晉末年與東晉初期的時代背景作一論述，西晉末年的政治環境是八王亂政的混亂場面，帶給士人的衝擊是爲保身家而依違應世，或縱酒避世，在現實上的痛苦致使士人對命運採取天定的論調，並漸漸向宗教靠攏以尋求精神上的解脫。門閥士族的持有特權使其對維護儒家名教不遺餘力，另一方面，對哲學議題的思辯與反映當代政治紛圍，使士人投身於玄理清談，是玄儒雙修思想形成之背景。東晉時門閥士族在政治地位上的改變，使得士人的應世重心漸由國家政治轉向個人，更重視自我。

第三章：適性安命的融世思想——郭象玄學。本章對郭象思想由自然觀至人生觀作一理論上的呈顯，論述其逍遙義與「適性安命」的兼融思想，再由郭象思想的時代性與重要性，來論證其對時代的反映，及對西晉末期以下士人思想的影響。

第四章：儒玄雙修思想的流變與特色。此章首先論述儒玄雙修思想背景，由漢末的糾浮華之風談起，到王弼的貴無思想、裴頠的崇有論，郭象的調和自然與名教，是儒玄雙修思想的一再調和與修正，張湛承續了這個理路，卻走向超越的思維模式。再則列述西、東晉之交的主要代表人物，將其分爲較偏向郭象的安任與偏向張湛的超脫之差異性，並各別對其思想、行爲有較爲詳盡的解說。

第五章：超脫與肆情的糾結——張湛玄學。本章首先對張湛的形上思想、貴虛的宇宙觀作一說明，由此帶出他達生肆情的命論與人生觀。文末論述他如何將超脫的形上思想與肆情的人生觀結合，反映了東晉士人在生活上追求優遊閒適，在精神上重超脫的心態。

第六章：結論。總結全文，將西晉末期與東晉初期的士人心態作一比較，並由郭象與張湛思想的差異性看這二個時期的不同與特性，希冀由此窺見時代風貌與士人心態的轉變。

目　次

第十八冊　魏晉人性論研究

作者簡介

　　錢國盈，1965 年生。臺灣師範大學國文研究所碩士，現任嘉南藥理科技大學通識教育中心助理教授。著有《三國時期天命思想之研究》、〈兩晉時期的符瑞、災異思想〉、〈荀悅的人性論〉、〈十六國時期的星占學〉、〈三國時期的祭天禮儀〉、〈十六國時期的符瑞、災異思想研究〉。

提　要

　　魏晉人性論所討論的重心為才性品類、聖人人格及自然與名教之爭，有關前者的討論以劉邵為代表，後二者的討論則以何晏、王弼、阮籍、嵇康、張邈、向秀、裴頠、郭象、張湛為代表。本文即以上述諸人的思想為依據，以說明魏晉的人性論。

　　全文共分為九章：首章緒論，說明人性論所討論的內容，並對先秦儒、道兩家及兩漢的人性論做一簡要的說明。第二章探討以劉邵《人物志》為主的才性思想。首先對漢末、魏晉有關才性論的現存零星資料加以分析，其次說明劉邵的人性論。第三章探討何晏的人性論，第四章探討王弼的人性論，第五章探討阮籍、嵇康的人性論，第六章探討張邈、向秀、裴頠的人性論，第七章探討郭象的人性論，第八章探討張湛的人性論。以上六章著重於論述聖人有情、無情，自然與名教的論爭及適性逍遙思想。對於每個人的人性論的探討，大抵先敘其人性論的理論根據，然後就其性、情、心論，材性品類，聖人人格，自然與名教及適性逍遙等相關主張做論述，最後則對其人性論做一檢討，以明瞭其人性論的得失。第九章結論，對魏晉人性論發展的過程及自然與名教的論爭過

程做一系統的論述，同時說明魏晉時代對先秦、兩漢人性論的繼承與開創。

目　次

王弼與郭象之聖人論

作者簡介

盧桂珍，國立臺灣大學中文研究所博士，現爲國立臺灣大學中文系副教授。著有《慧遠僧肇聖人學研究》，以及多篇與魏晉思想、文學相關的論文。

提　要

魏晉時期儒道思想交融，此一學術現象在玄思者的聖人論中尤爲顯著，再加上魏晉玄學的特殊論題「有無」、「本末」、「冥」等，使得思想家的聖人論別樹一格。本論文以王弼與郭象爲研析對象，期能體現魏晉聖人論在思想史上的意義與價值。

王弼自「貴無」的本體論展開，聖人者神明茂，與道同體，故能體沖和以通無，成就「體無言有」的聖人範式。故雖應物有情，卻因契悟萬有之根本在無，而能圓足地應世，終無滯累而化成天下。

郭象則是由「崇有」的本體論觀點展開，否定「有生於無」的看法，建立自生獨化論。強調並不存著一個外於具體事物的本體「無」，萬有之「自性」即是生命之實踐與完成的根據。郭象所形塑的聖人適性逍遙，玄同彼我而同於大通，呈顯「冥圓融」的生命境界。

目　次

第十九冊　陸象山心學要義探究

作者簡介

　　林于盛，男性，1970 年出生於臺灣高雄。國立中山大學中國文學系博士畢業，學術專長爲宋明理學、儒家義理、中國思想史，另對古典詩詞頗有興趣。目前在中山大學中文系等等學校服務，已發表學術論文若干篇。平日教學之餘，致力於中國傳統思想之探討，未來將以儒、道、釋三家修養成聖之學爲研究重心，並導向現代生活課題，期望能活化古典知識，並對個人及社會大眾之身心安頓、生命圓融有所裨益。

提　要

　　陸九淵（西元 1139～1193），學者稱象山先生，爲南宋思想家，其學強調「心即理」，而與朱熹頗有不同，成爲宋明理學中「心學派」的奠基者。本文研究目的即在於呈現象山思想本身的原貌，闡明其要義，期供學術界澄清一二眞相，復藉以自我修養；至於象山與時人的互動、其學的流衍及在思想史上的地位等等周邊問題，則暫不擬探究。本文在寫作策略方面，係以直接分析象山全集中的文字爲主，而附歷來重要學者的意見爲輔。在內容上，分爲三大部分：「心即理、實踐工夫、思想淵源考辨」。而主要的結論則是認爲象山主張：（一）人有本心，本心爲道德根源，而爲人之性；然因氣質、習染、不思之故，使本心不能彰顯，而有物欲意見之私，方始爲惡。（二）事物有其客觀實然及所以然之理，人之本心則爲道德應然之理；而本心可由善之價值躍升以涵攝一切價值與存有之理，故說「心即理」；而依此義，則人有承擔起圓成一切人事物存在與發展的行動。（三）實踐方法則是由自明與講明入手，以具備對本心之智識而志於道德，從此涵養省察以克私，再及物考究。（四）其思想淵源大抵自得於《孟子》，而補救時弊、陸氏家學門風、宋代理學諸家、禪，乃輔助性之外緣因素，故本質仍屬儒學系統。

目　次

第二十冊　一心運時務：正德（1506-21）的王陽明

作者簡介

　　楊正顯，祖籍安徽省宿縣，一九七三年出生於臺灣臺南市，東海大學歷史所碩士，清華大學歷史學博士，現爲中央研究院歷史語言所博士後。著有《陶望齡與晚明思想》、〈道德社會的重建──王陽明提倡"心學"考〉、〈王陽明詩文輯佚與考釋〉、〈王陽明佚詩文輯釋與補正〉等。

提　要

　　本文「一心運時務：正德時期的王陽明」，旨在了解陽明在正德時期（1506-21）的思想變化，希望透過對陽明在正德年間種種作爲的考證，釐清其思想與現實環境間的關係，以透顯出其思想的精神。

　　第一章「龍場之悟」在說明陽明「龍場之悟」的前因後果及其思想內容。從王華與陽明所參與的會社性質之變化，可以看出當時學風轉變的契機，而這反映出陽明所處的時代危機是「道德」觀念漸趨淪喪。發生在正德元年「誅八虎」計畫的失敗，不但招來往後的「丁卯之禍」，也更加證明當時的國家社會的道德秩序逐漸崩解。陽明因爲要營救妹婿及朋友的關係，上疏言事，因而下獄被貶謫至龍場。在歷經「泛海」的歷程後，對其自身的出處有了堅定的看法，也因而能夠在龍場反思國家社會問題的所在，進而提出「一心運時務」的思想架構，其中心思想是「心即理」說。

　　第二章「『聖人之學』是『心學』」在說明陽明回到北京任官後，如何開展其「一心運時務」的思想架構，並且進而在南京時提出「聖人之學是心學」的轉變過程。由於宦官劉瑾被殺後，正義反而沒有被伸張，相反地卻呈現是非更加不明的情況，而曾經是「丁卯之禍」受害者的陽明，卻因爲其父親行賄事等的披露，無形中被當權者所打壓。但陽明卻在此時積極地宣揚他的「君子之學」想法，希望重建一道德完善的社會。但由於陽明強調對於一個人「內心」的治理，使其思想被劃歸爲陸九淵之學或是禪學之類。當陽明至南京時，與魏校爲首的學術集團有了門戶之爭，雙方爭論的焦點即在於一個人如何能

靠著內心的治理即能經綸時務呢？陽明透過對「三代之治」理論基礎的理解，提出「三代之學是心學」的口號，因此如要重復「三代之治」，就必須依靠「心學」，而陽明此言亦是在呼應皇帝廷試題目。為了要證明朱熹也是從事於「心學」，陽明編著了《朱子晚年定論》一書，來回應當時朱學學者的攻擊。

第三章「聖賢骨血：良知」在透過陽明軍功建立與其思想轉折間的關係，來說明其「良知」說的形成經過。陽明在平南贛盜的過程，逐漸瞭解到去除私欲的關鍵即是「本心之明」。而這個想法在其歷經「忠泰之變」後，有了更清楚地輪廓，透過對周敦頤及程顥思想的思考，提出判別是非的標準即是「良知」，即是「本心之明」。另外，也說明陽明新〈大學古本序〉是作於正德十六年。

目　次

第二一冊　王陽明良知學詮釋

作者簡介

　　鄭富春，1961 年生，台灣高雄人，祖籍彰化秀水，畢業於屏東師專、國立高雄師範大學國文學系學士、碩士、博士。曾任國小教師四年，自 1988 年 8 月至輔英科技大學任教迄今。現任人文與管理學院語言教育中心專任副教授兼共同教育中心主任。主要研究領域是宋明理學、儒家生死觀與中語文教學相關論題。發表的論文刊載於《鵝湖月刊》、《宗教哲學季刊》、《輔英通識教育年刊》。

現任：副教授（2009.7～）兼共同教育中心主任（2008.10～）。

學歷：1. 屏東師專（1976.9～1981.6）。2. 國立高雄師範學院大學（1981.9～1985.6）。3. 國立高雄師範大學碩士（1985.9～1988.6）。4. 國立高雄師範大學文學博士（1999.9～2008.7）。

學術領域：1. 宋明理學。2. 儒家生死觀。

（一）單篇論文：1.〈廣心餘情，裕於死生之際——王船山《詩廣傳》中的生死觀〉（《鵝湖月刊》四〇二期，2008 年 12 月）。2.〈王船山莊學生死觀〉（《宗教哲學季刊》四十五期，2008 年 9 月）。3.〈安死自靖，貞魂恆存——從《楚辭通釋》看王船山的生死觀〉（《鵝湖月刊》三九二期，2008 年 2 月）。4.〈物我一原，死生一致——船山《正蒙注》生死觀初探〉（《鵝湖月刊》三四三期，2004 年 1 月）。

（二）其他著作：部分撰稿《耕讀——進入文學花園的 250 本書》（五南出版，

2007 年 5 月二版七刷）。書目導讀撰寫：《聆聽父親》、《青色的月牙》、《圍城》共三篇。

（三）學位論文：碩士論文：《王陽明良知學詮釋》，國立高雄師範大學國文系，1988 年 6 月。博士論文：王船山生死觀與其義理體系研究，國立高雄師範大學國文系，2008 年 6 月。

提　要

和啓發；並提出「兩端而一致」的實踐詮釋方式，爲良知學的理解建立一個可能的範型，以見其簡易精微的實踐義涵。

第一章「導論」，共分二節：簡述研究目的、方法與論述程序；次論希聖的終極探索，旨在表顯陽明實現聖學的歷程，以見良知學的詮釋起點，首先凸顯了本體的創造意義。

第二章「體用一源的本體義」，共分三節：先述本體義；次論「聖人之道，吾性自足」的義涵；進而詳論陽明言「心體」、「良知本體」與「知行本體」的精蘊。

第三章「動靜一如的工夫義」，共分四節：首先表述工夫的涵義；次論工夫指點的原則，談教法三變的意義；並闡明德性工夫的規矩，循理便是善，動氣便是惡；進而展開主要工夫論的全幅精義，由簡易精一的特質，論《大學》格致誠正修的工夫。

第四章「動態發展的歷程義」，共分三節：說明動態發展的意義；並提出「兩端而一致」的具體實踐立義方式，表詮良知學義涵下的心事（物）、體用、知行三組詞語的主要內涵，彰顯其中的義蘊，並明其分際所在；同時就良知學存在歷程的實踐意義，言虛廓性與充實性、開放性與發展性四義，以作爲今日返本開新的當代省思。

第五章「結論」，綜理諸章研究結果，並就本文不足處作檢討。

目　次

王陽明詩與其思想

作者簡介

　　廖鳳琳，1976 年自文化大學中文研究所碩士班畢業，即投身教育崗位。先後服務於私立婦嬰護專與國立高雄應用科技大學，擔任國文課程與班級導師，並有八年圖書館與文書組長行政經驗。

　　2001 年，前往美國賓州州立大學進修一年，修習有關視覺藝術方面課程。這一年同時有幸得遇高德大法，從此邁入一條「返本歸眞」的修煉道路，成爲個人生命一個重要轉捩點。

　　2006 年從教職退休，轉任大紀元時報記者兼自由撰稿工作，關注面向更爲寬廣。半生歲月，不論身處何地，所爲何事，始終秉持誠信初衷，處世待人。如今更以眞善忍精神，自我要求，期許自己兌現濟世助人的莊嚴使命，不枉來此人世一遭。

提 要

　　明朝大儒王陽明一生功業，事具國史；其學術成就，亦早有公論。其平生雖志在聖賢，視詩文爲閒情餘事，然其至今傳世之詩作，依明謝廷傑彙本《四部叢刊‧王文成公全書》所載〈詩錄〉，凡二卷，續編補遺三十四，總約六百首，始於其三十一歲之年，終於其五十七歲病逝，前後二十餘年。由居越而山東、而京師……，至其後遷謫貴州、征戰江西、兩廣，隨其遭遇，逐年而分，一一檢索，可見其一生行旅與思想蛻變之跡。

　　其論學示教者，固爲「言志」之一端；其感遇抒懷之作，一吟一詠間，直向至性中來，最能見其情懷之眞。若純以詩求之，未嘗不可得風雅之遺響；若視爲至性之教，反身默會，則陽明所以爲言之意，亦有所託矣。

　　故本論文以陽明詩爲線索，探其學說思想本旨，分六章加以析論。第一章略述其生平傳略及其「以達意明志」爲要之詩學觀；第二章以詩文對照，表現陽明對個人遭遇與時政觀感，其意欲探尋思想出路，已見端倪；第三章闡述陽明居危處困之際，如何淬勵奮發，體現其忠貞自持之精神人格。第四章由陽明詩歌衍述其剝落萬慮、思想境界臻於成熟之內涵。第五章針對後人評述，以陽明詩與其實際修爲，印證其爲「學有宗統」之醇儒，殆無疑議。第六章闡述個人究心所得，對陽明學說之意義與價值，稍布管見耳。

　　陽明學說與其道德風範，數百年來，垂教世人，影響所及，遠達四海。日本名將東鄉平八郎奉若神明，有「一生低首拜陽明」之說，實非偶然也。

目 次

第二二冊　陶望齡與晚明思想

作者簡介

　　楊正顯，祖籍安徽省宿縣，一九七三年出生於臺灣臺南市，東海大學歷史所碩士，清華大學歷史學博士，現爲中央研究院歷史語言所博士後。著有《一心運時務：正德時期（1506-21）的王陽明》、〈道德社會的重建——王陽明提倡"心學"考〉、〈王陽明詩文輯佚與考釋〉、〈王陽明佚詩文輯釋與補正〉等。

提　要

　　明代自萬曆朝後，學術的風向已經起了很大的變化，其中陽明後學的發展尤爲顯著。從對王陽明「良知」的詮釋不同，導致了王學內部的分裂，而王艮、王畿、羅汝芳三人的崛起，又帶起了一「新王學」的風潮。而此風潮的主要特色，即是「佛教」思想的滲入，引領其門下弟子入佛教的殿堂。即便是羅汝芳晚年回歸儒家，但此「援佛入儒」的風潮卻不可抑止。筆者從對王畿此脈下的周汝登、陶望齡、陶奭齡的研究上，發現此「援佛入儒」風潮在萬曆初年稱之爲「學佛知儒」，其意爲透過對佛典的研究，進而能理解儒家的聖賢之道。「未知佛，必不能知儒」，是這種心態的明亮口號。但也幾乎在同時，陶望齡因中進士，而與當時瀰漫著佛學風氣的北京有了接觸，也因友朋的引領，他也有「學佛知儒」的心態，但是此「學佛知儒」的風潮至此又更進一步地成爲「以禪論儒」。其意爲用佛教的思想，來重新詮釋過去對

孔孟之道的說法，並且尋找儒佛兩家共同的宗旨，而此宗旨儒家爲「朝聞道夕死可」之說、在佛教則爲「了生死」，也就是說「超脫生死」爲其合一之旨。所以在那時興起了一股「良知了生死」的風潮，故當時的士大夫參研佛學的情況，非常普遍，但是此目的不一定能達成，卻已造成了一些流弊，其中最爲人所詬病的，就是「狂禪」之風的盛行。這種只求悟入，不重修行的態度，盛行於當世，而這些人又以「理事無礙」或「事事無礙」的理論爲盾詞，即使陶周等人試圖透過「念佛持戒」、「遷善改過」的方法，意圖矯正此風，但是也使不上力。此風一直延續到明末，狂禪之盛也導致很多人不信儒也不信佛，視儒家「遷善改過」爲無用，視佛家「無因果」，而陶奭齡在當時就極力舉揚「因果」之學，來反駁此論。

目　次

第二三、二四冊　李二曲思想研究

作者簡介

　　葉守桓，1969 年生，臺南人，東海大學中文研究所博士。曾任職育達技術學院應用中文系助理教授，現爲國立臺中護理專科學校通識教育中心助理教授、東海大學中文系兼任助理教授。其研究領域爲明代思想與心學部份。

提　要

　　本論文主要是討論明末清初之大儒──李二曲之思想。其目的除對二曲思想之形成與發展有所釐清與說明外，並論述其在時代變遷中，對學術人心、政治社會問題之反省與檢討。

　　在討論方法上，本論文主要爲一動態歷時性之考察，依二曲「早年爲學的歷程」、「中年之教──體用全學的思想與經世實踐」、「晚年著述──《四書反身錄》之研究」等三個環節來做討論，論其思想的「形成與發展」、「成熟與定型」，以及「完成階段」等幾個階段。

　　從思想發展脈絡而言，二曲早年由程朱「道問之學」轉向「切己之學」，進而形成〈悔過自新說〉說的自得之論，此一切己悔過，亦是形成其「證悟」等「立德成己之學」的發展，此爲二曲思想中的「形成與發展」。〈悔過自新說〉，實其思想理論之雛形，此一心性工夫，即成爲其後來〈明體適用〉中「明體」之基礎。在「中年之教」中，二曲在〈悔過自新說〉的基礎中，開出一套涵蓋「內聖」之道德修養，與「外王」的社會實踐的〈明體適用〉思想。在此之中，二曲將「明體」中劃分爲「明體中之明體」、「明體中之工夫」，調和陸王之本體、程朱之工夫，於是其心性論、修養工夫，即爲全備而齊全；而有關治道、世道的經世之著的論述，如〈匡時要務〉、〈司牧寶鑑〉，亦闡明了二曲思想的外王層面，故「中年之教」，實其思想的「成熟與定型」，亦爲其「立功成人之教」的發展。而「晚年著述」，則見二曲對學術思想與時代弊端之反省，以及其思想系統性的立說，故可曰其思想的「完成階段」，亦是其「立言羽翼聖賢

之教」的發展。明此三期之發展與演變，實可見二曲思想動態發展之全貌與意義，亦可窺見其成己、成人成物等歷程。

　　總的來說，就思想史之發展來論二曲之特點、貢獻與限制。二曲對王學未流之修正，對程朱陸王之調和，對人性幽暗意識之重視，對道德實踐之落實，對道德節義之關注，對講學經世之實踐，對儒學經世精神之闡明，實為對明末清初之學術、宋明理學、王學有其積極之貢獻。這說明了，二曲個人之道德修養與心性工夫，實為宋明理學以來最為成熟之發展；二曲面對時代課題的回應上，在學術人心之弊等層面的反省，是有其深刻之見解的；但相對的，二曲過於重視「內省」之特點，實亦壓縮他對客觀問題之檢討，故在論經世致用層面，如政治制度與社會經濟之反省與批判上，二曲則是明顯不足的，這是二曲在面對時代之轉型與變遷下，具體所形成的貢獻與限制之處，亦是本論文對其研究所提出的結論與說明。

目　次

第二五、二六冊　黃梨洲思想旨歸研究

作者簡介

　　林于盛，男性，1970 年出生於臺灣高雄。國立中山大學中國文學系博士

畢業，學術專長爲宋明理學、儒家義理、中國思想史，另對古典詩詞頗有興趣。目前在中山大學中文系等等學校服務，已發表學術論文若干篇。平日教學之餘，致力於中國傳統思想之探討，未來將以儒、道、釋三家修養成聖之學爲研究重心，並導向現代生活課題，期望能活化古典知識，並對個人及社會大眾之身心安頓、生命圓融有所裨益。

提　要

黃宗羲（西元 1610～1695），號梨洲，是中國明末清初的重要思想家，迄今關於他的學術研究成果已十分豐贍。然而，對於他的理學思想與博綜涉獵之間的理論性、邏輯性關聯，似乎尚未能充分地確認，以致於對其全盤思想旨歸的把握，有時難免略顯分歧或不夠明朗。本文在觀察梨洲現存的文字後，嘗試著去說明其大意，認爲其說的根本性格，係一關懷人文大群現世全幅生活的文化性思維，而不沿襲舊有的理學思路，遂在其理氣心性諸觀念的特殊界定之基礎上，完成一「道德價值性之宏富文明的世代建構」之理論，從而儼然達到一種「文化哲學」的高級型態，並非空泛地宣揚經世致用而已。因此，梨洲不是單純的理學興趣，但其理學中事實性與價值性統體共在的實然本體、和道德認同感的新心體，則成爲其學說的核心基礎；一方面成爲其個人在政治學、歷史學、文學、科學種種領域之專門見解與活動建樹的內在義蘊、指導原則；一方面又使得傳統由內聖而外王的思想舊格局，在形式、內容、操作上，皆變更爲以外王來確定內聖地位的新規模。是故，我們不太適合逕稱其爲傳統宋明理學或陸王心學的殿軍，且其整體學術乃爲首尾一致的思想體系，應該也不存在晚年思想重大轉變的現象。

目　次

第二七冊　王船山「兩端而一致」之思維的辯證性及其開展

作者簡介

陳啓文，國立臺灣師範大學國文研究所博士。曾任教於：元智大學應用中文系、台北教育大學語文教育學系、臺灣師範大學國文系目前任教於：慈濟大學東方語文學系專任助理教授。

曾發表：〈王船山「道」、「器」兩端分說及其統一〉，（清代哲學，《鵝湖月刊》第 31 卷第 9 期，2006 年 3 月）、〈王船山化「天之天」爲「人之天」義的理解〉（清代哲學，《師大國文學報》第 39 期，2006 年 6 月）、〈宗教的象徵；以《佛說阿彌陀經》之與會聖眾爲例〉（唐宗教哲學，《宗教、哲學與文學研討會》元智大學，2006 年 9 月）、〈《佛說阿彌陀經要解》「六信」中的「唯心淨土」思想詮釋〉（明清宗教哲學《鵝湖月刊》第 384 期，2007 年 6 月）、〈啓示、信仰與實現：彌陀本願之理論體系及其詮釋〉（隋唐宗教哲學《東吳學報》第 14 期，2007 年 12 月）、〈蕅益大師對於「鳥音法利」之料簡析論〉（明清宗教哲學，慈濟大學，2008《東方文化學術研討會》，2008 年 6 月）、〈《楞嚴經》「大勢至菩薩念佛圓通章」的念佛方法論〉（隋唐宗教哲學《一貫道宗教學術研討會》第一屆，2008 年 5 月）、〈《彌陀要解》中四土感生論所顯的心土不二義〉（明清宗教哲學，《慈濟大學人文社會科學學刊》，第 7 期，2008 年 6 月）、〈王符《潛夫論》宇宙上的一個問題〉（漢代哲學，《朱子研究》，1999 年第 1 期，1999 年 1 月）、〈成德廣業之「三陳九卦」〉（先秦哲學，《周易研究》，1999 年第 4 期，1999 年 12 月）、〈試論《老子》的「一」〉

（先秦哲學，《孔孟學報》第 77 期，2000 年月）、〈郭象《莊子注》之「自生」
義試析〉（魏晉哲學，《哲學與文化月刊》29 卷第 2 期，2002 年 2 月）等中
國哲學論文十數篇。」

提　要

　　本文的論題是：「王船山「兩端而一致」之思維的辯證性及其開展」，此一
論題是「後設」的，而非預設的。既是後設，那就表示此一論題乃是，筆者於
通讀船山全書之後，所形成的論題、命題。而這也就意味著，此一命題與議題，
實通貫著船山一生之思維，而呈顯在船山所有的注疏作品當中。只是，此一後
設性的命題，卻是植基於令吾人深受感動激勵之：「六經責我開生面，七尺從
天乞活埋」所展現的強烈的民族文化道統延續之危機感與開新之使命感。此求
一開生面，讓筆者產生了如下的疑問：船山是否真的開出了生面？若有，則船
山所開出之有別於宋明儒學詮釋傳統的新局又為何？若有，船山又是通過何種
方法論實踐的完成？若有，船山所展顯的理論思維及其體系型態，又是何種型
態？這是本論文所關懷的問題核心。

目　次

第二八、二九冊　明末清初儒者經世致用之道

作者簡介

　　簡毅銘，民國六十年生於臺灣基隆。東吳大學中國文學系學士、中國文學研究所碩士（八十九年度）、博士（九十七年度），專長領域為宋明理學及明末清初之儒學。碩士論文之題目為《何心隱思想之研究》，內容探討陽明後學之泰州學派，內容粗疏、論證薄弱，不值一看；博士論文則將觸角延伸至明末清初，題目為《明末清初儒者經世致用之道》，稍稍可看。曾發表學術論文兩篇，如今正著手第三篇之撰作，此時暫時任教於南澳高中。

提　要

　　明朝自神宗以後，國勢日趨衰微，內憂外患接踵而至，學者對陽明後學束書不觀、空談心性的虛浮風氣極度不滿，恰巧此時西學傳入，予知識分子一個新的刺激，於是呼籲重視「實學」的聲浪越來越高。這個呼聲反應在當時的學術研究上，就是由重視抽象「理」、「道」之研討，轉向重視形質之「氣」與「器」的講求。明清之際的這種「學術典範的轉移」，在當今學界已不知被多少學者所論述及探究過了。但是汗牛充棟的學術著作，卻罕有針對明清之際儒者的「經世致用」主張，進行系統深入的研究。即便偶一涉及，又往往死守哲學觀點，令人一望便困倦欲眠。本論文以科際整合之法，融合政治學、社會學、經濟學、人類學、心理學等學科，嘗試以新方法來理解東林黨及顧炎武、黃宗羲、王夫之及顏元的「經世致用之道」，並據之論斷是否可行，務使讀者不但知其然且知其所以然。

目　次

上　冊

第三十冊　章實齋經世思想研究

作者簡介

姓名：賴哲信

生年：民國 43 年

學歷：羅東國小、省立宜蘭中學初中部、高中部畢業。國立台灣師範大學中文系、中文研究所碩士班畢業。私立輔仁大學中文研究所博士班畢業

經歷：板橋重慶國中教師。台北私立中興、延平中學教師，台北公立南港高職、中山女高教師。私立實踐、銘傳商專教師，私立輔仁、東吳，國立台灣大學教師。現任育達商業科技大學教師。

論文：民國 95 年，讀寫合一的小說教學。民國 96 年，場面建構工具的設計。民國 96 年，韓碑的敘例與創例。民國 97 年，台灣新詩教育的耕耘面。

民國 97 年，傳統劇種，行銷新貌－以阿忠布袋戲為例。民國 98 年，從流行到經典—談都會愛情代言人十一郎的歌詞藝術。民國 98 年，湊成華麗—明華園的舞台奧秘。民國 99 年，莊子的生活美學。民國 99 年，從事件晉身為史

料的關鍵——權力、時間與互文。

提　要

　　本論文以章實齋的《文史通義》爲研究文本，以章實齋所處的乾嘉時期的考據風氣爲學術背景，以道器論、經學、方志學、史學、文學、校讎學建構其學術體系，而以經世精神揭櫫其學術旨趣。

　　在實齋的學術生涯中，因爲厭棄乾嘉學風一以考據爲是，所以刻意回歸清初的經世精神，希望強化學術的濟世功能。他夠過系列著作，首先澄清方志學的本質，以爲志書當作國史補編，當以記人傳事爲寫作重心，希望讓志書在地理資料的寄存之外，更有歷史或政治的參考價值。接著他又拓展教讎學的範圍，想讓校讎包有目錄的性質，希望讓校讎學（其實應該是目錄學）具有思想史的功能，幫助讀者獲取更好的學習效果。隨後，他大量寫作史學論文以開闊志學的空間，加強了志書的寫作水準，也豐富了志學未盡周延的理論。而後實齋更繫文學於史學，以史學代經學，融史學、文學、經學於一鑪，展示了體大思精的學術格局。及至知命之年，實齋又提出抽象的道作自家學術的根本原理，以器爲所以見道的憑藉，說明天下沒有可以背離人事的空理；同時並發表系列經說，提出古代官師確曾合一、六經皆史、周公立法而孔子傳教的系列說法，讓經學就是經世之學的觀念益加顯豁，最後更自繫其學術淵源於浙東學派之中——實齋的諸多論題便這樣，隨著年齡的逐漸增長，逐層推衍完成。

　　以上是章實齋的成學歷程，但是本論文建構體系不依年之先後，卻依體系的構成講，所以先道器，而後經說、方志學、史論、文論，而殿以校讎學，以作本論文的架構。所以先道器論，這是因爲章實齋的一切學說，都可歸約到他的「道借器顯」說。所以次群經說，是因爲只有透過經論，才能將抽象哲學的道器論改用更通俗的學術語言已與世仁溝通。經說的精神在移經入史，而移經入史的思考方式須以實際的工作修志來落實，所以次之以方志學。方志學是實務，史學理論、文學理論、校讎學則是相對而生的方法，所以緊接其後以論述而足成之。

　　總之，本論文希望透過逐層剖析，將章實齋所以扭正當代學風的苦心，強調經世精神的熱情抉出，也將他在經學、史學、文學、志學、校讎學的成就與以表揚，當然在面對其理論缺陷時，也不吝於給予嚴正的批判，但期望能給章實齋和他的《文史通義》賦予一個恰當的學術定位而已。

目 次

第三一冊　民國讀經問題研究（1912-1937）

作者簡介

林麗容

一、學　歷

嘉義市垂楊國民小學畢業

嘉義市縣立玉山初級中學畢業

嘉義市嘉義女子高級中學畢業

臺北縣輔仁大學歷史學學士學位

臺北市國立臺灣師範大學歷史學碩士學位

法國巴黎第四大學西洋歷史學碩士學位

法國巴黎第一大學國際關係博士前期學位

法國巴黎第四大學歷史學博士前期學位

日本東京大學哲學博士候選人

法國巴黎第一大學國際關係博士候選人

法國巴黎高等社會科學研究院社會學博士候選人

法國巴黎第四大學歷史學博士學位

法國巴黎第一大學政治學博士學位

二、留　學

日本東京大學－中國哲學研究所

法國巴黎索爾本大學－歷史學研究所、國際關係研究所、經濟學研究所、
政治學研究所

法國巴黎夏爾特大學院－法國歷史學研究所

法國巴黎高等社會科學研究院－社會學研究所

美國加州大學－教育學研究所

三、遊學與研究

美國－柏克萊大學教育研究中心（2001 年 6 月－8 月）

德國－柏林哥德語言文學研究中心（2002 年 6 月－8 月）

俄羅斯－加里寧格勒人文與觀光研究中心、聖彼德堡市容與社會研究中心
（2006 年 7 月－9 月）

四、藝術專長

佛朗明哥舞、肚皮舞、踢踏舞、歐洲歌劇、國際聲樂、古典流行歌、通備
武術、太極拳、巴西森巴舞、臺灣民謠、美姿美儀與美容化妝。

五、經　歷

眞理大學觀光休閒學院「世界文化與觀光」、「觀光社會學」與通識教育學
院「社會科學概論」、「歷史方法」、「國際關係」、「社會分析」、「文學與藝術」、
「研究方法」、「日本多元文化研究」、「歐盟多元文化之研究」、「瑞士多元文化
剖析」、「義大利的美食與文化圈」、「西班牙的海鮮與佛朗明歌舞之研究」、「德
國文化與浪漫主義」、「越南文化型之研究」、「法國文化研究」等專任助理教授。

國立臺灣師範大學「歐洲文化與觀光」和「臺灣史地導遊與觀光」助理教
授‧國立臺灣師範大學法語中心「法語」助理教授‧Alliance Française「法語」
助理教授‧輔仁大學「歷史與思考」和「西方歷史人物評析」等助理教授‧國
立臺北大學「中日關係史」、「法國史」、「瑞士史」等助理教授‧長庚大學醫學
院「西方歷史人物評析」和「中西醫學史」助理教授。輔仁大學「中國通史」
和「臺灣史」講師‧東吳大學「中國通史」講師‧國立臺灣工業技術學院（今

日的國立臺灣科技大學）「中國近現代史」講師・淡水工專（今日的眞理大學）「中國近現代史」講師・光武工專（今日的北臺灣科學技術學院）「中國近現代史」講師。北一女高中「歷史」教師、復興高中「歷史」教師、強恕高中「歷史」、「英文」、「日文」專任教師、東山高中「歷史」教師、及人國中「歷史」教師、興福國中「歷史」教師。嘉義水上萬能工商「國文」、「英文」、「數學」等專任教師。

臺北市臺灣基督長老教會謝禧明牧師「教育秘書」、宜蘭縣羅東鎮陳五福醫師「史懷哲之友會秘書」（1980 年麗容負責主辦在臺北市的「史懷哲之友國際大會」，開幕式邀請當時臺北市長李登輝先生蒞臨演講）、臺北縣新莊高中第十屆、第十一屆、第十二屆等三屆家長會副會長。

2003 年－2007 年任臺灣留法比瑞同學會理事長。

2004 年 12 月參選臺北縣立法委員・2005 年 12 月參選臺北縣縣議員。

六、專長領域

語言能力－英國話、日本話、法國話、韓國話、德國話、西班牙話、義大利話、拉丁文、俄國話、阿拉伯話、匈牙利話、越南話、泰國話、中國話、臺灣話。

社會科學－歷史學、政治學、社會學、教育學、經濟學、文學、宗教學、哲學。

專研領域－法國歷史與文化、德國歷史與文化、瑞士歷史與文化、義大利歷史與文化、西班牙歷史與文化、法國教育問題、法國社會問題、國際關係、中國史、中國哲學、中日關係史、史學方法、臺灣史、臺灣史地導遊、法國巴黎導遊、歐洲文化與觀光、世界文化與觀光。

七、專　書

林麗容：《民國以來讀經問題之研究（1912－1937）》，臺北：華世出版社，1991 年，236 頁。

Lin Li-Rong, Marianne, *La question chinoise du Second Empire à la IIIe République, 1856-1887*, Lille: Université de Charles de Gaulle-Lille III, 2001, 508 p.（林麗容：《法國從『第二帝國』到『第三共和』之中國問題研究（1856－1887）》，法國里耳：戴高樂大學－里耳第三大學出版，2001 年，508 頁）

林麗容：《西方見聞錄》，臺北：三民書局出版社，2004 年，258 頁。

林麗容等著：《Social Science 社會科學概論》，臺北：景文書局，2005 年，

288 頁。

林麗容：《痕：夢回巴黎》，臺北：潘朵拉出版社，2005 年，480 頁。

林麗容：《臺灣一聲雷》，臺北：上大聯合出版社，2007 年，156 頁。

林麗容：《瑞士文化史研究》，臺北：五南圖書出版股份有限公司，2008年，380 頁。

林麗容：《歐洲研究論集》，臺北：上承文化有限公司，2009 年，400 頁。

林麗容：《論「文化碰撞」之瑞士》，臺北：上承文化有限公司，2009 年，98 頁。

Marianne Lin（林麗容）：「L'étude du mouvement étudiant français de Mai 1968（1968 年 5 月法國學生運動再研究）」，臺北：上承文化有限公司，2009年，106 頁。

林麗容：《世界文化與觀光》，臺北：上大聯合股份有限公司，2009 年，217 頁。

林麗容：《法蘭西文化之研究》，臺北：上承文化有限公司，2010 年，262頁。

林麗容：《國際社會學》，臺北：上大聯合股份有限公司，2010 年，126 頁。

林麗容：《世界旅遊文化》，臺北：上大聯合股份有限公司，2010 年，242頁。

林麗容：《中西歷史方法研究》，臺北：上大聯合股份有限公司，2010 年，114 頁。

八、現任

真理大學通識教育中心「社會科學概論」、「歷史方法」、「瑞士多元文化剖析」、「法國文化研究」與觀光休閒學院「世界文化與觀光」等專任助理教授。

提　要

讀經在歷代政府尊崇重視下，研讀聖賢典籍乃成為中國歷代士人必經之人生歷程。因此經學得以保有其至高無上的特殊地位，在世代交替中發揮其影響力。

隨著中體西用思想的開展，清廷的教育改革，雖仍欲保持經學之獨尊地位，終以不合時勢之需求，遭致各方的反對與責難。宣統三年，中央教育會議決議廢除小學讀經時，仍因保守分子的激烈反對，以及中央政府的不表支持，終告失敗。由此開啟民國元年教育部廢經學之契機。自辛亥革命成功後，隨著

新思潮的衝擊與中國社會結構的改變，進一步的教育改革，乃成為必然之舉。

在蔡元培出掌教育部後，鑑於清朝之教育宗旨與學制課程俱已不符合民國時代之需求，遂著手教育改革。在教育改革中，陸費逵與『教育雜誌』實扮演著推動的角色。隨著政府的北遷，政權亦淪入袁世凱手中，在袁氏帝制的野心下，尊孔與讀經亦告復活。隨著北伐的勝利，國民政府乃有統一中國教育的政策產生，其具體措施即是以三民主義思想貫徹於教育宗旨之中，自此而後，中國之教育發展與變革乃有規範可循，甚至部分地方軍政首長如何鍵、陳濟棠、宋哲元等，由於深感赤禍與日寇的威脅，亦欲藉此激勵民族精神來加以對抗。如胡適與陳濟棠之公開衝突，即可作為新舊學者讀經論爭的導火線。

『教育雜誌』自清末以來，即執中國教育研究之牛耳，至此階段在主編何炳松的積極策劃下，乃向全國教育家徵稿，對讀經問題加以徹底的檢討。大部分有留學外國的經驗，所學則以教育、國文兩學門最多，然而其他學科之參與者亦不少，使此問題能得到各種角度之討論。以職業而論，參與者則以教育界居多，其中尤以大專教授為主，而使此論戰之素質由是提高。至於參與者之地區，則大多集中於上海、南京、廣州、北平等城市。

然而在論戰的過程中，對於藉由經書瞭解中國文化之本源一點，亦曾取得雙方的共識。因此如何在課程改革中適切地安排經書之角色與地位，亦成為未來讀經問題之新課題。在此論戰中，由於折中調和之意見居多，頗能反映出國人傾向中庸的心態。

目　次

第三二冊　劉師培之倫理思想研究

作者簡介

　　黃雅琦，國立高雄師範大學國文研究所文學博士，現任實踐大學應用中文系助理教授。主要研究領域為近現代學術文化，著有《救亡與啟蒙：梁啟超之儒學研究》、《劉師培之倫理思想研究》二書，編有《中國學術思想史試題解析》（上）（下）冊，並發表學術論文十數篇。

提　要

　　倫理（Ethics），是人類社會人際關係的秩序規範。在中國，倫理是社會人心文化的核心。劉師培身逢晚清「豈特春秋所未有，抑秦漢以至元明所未有」的時代空前巨變，他關心學術世運，對傳統倫理思想的內容、特徵、架構，甚至偏失，都有深入精到的考察，且對傳統倫理思想的改革，提出不少的新見。

本文以「劉師培之倫理思想研究」爲題，全文共分六章：

　　第一章：緒論。本章敘述劉師培之生平及其治學傾向，概述學界研究劉師培的成果，並說明本文研究的動機、範圍與方法。

　　第二章：劉師培倫理思想之基本概念。本章論述劉師培對倫理基本範疇的看法，旨在說明劉師培倫理思想的內容，實由其基本概念推演而來。

　　第三章：劉師培之己身倫理論。中國傳統社會重視個人修身，強調克己復禮。本章論述劉師培在己身倫理方面的見解。

　　第四章：劉師培之家族倫理論。家族倫理在中國特別發達，但也存在著很多的問題。本章論述劉師培對家族倫理的針砭。

　　第五章：劉師培之社會倫理論。傳統倫理思想，在社會倫理方面著墨較少。本章論述劉師培對社會倫理藍圖的勒。

　　第六章：結論。本章總結全文的論述，並敘述全文研究的結果與心得。

目　次

第三三冊　徐復觀美學思想研究

作者簡介

　　鄭雪花，國立成功大學中國文學博士，目前任教於國立臺東專科學校通識教育中心。研究專長和興趣是儒道思想、中國美學、中國文學理論與批評等。目前的研究成果除了發表多篇中國美學、哲學、古典詩學等會議論文及期刊論

文之外，主要是在徐復觀等先行者的基礎上，開展了《莊子》研究之想像現象學以及存有論詮釋學的研究進路。近期的研究重點是以閱讀現象學的方法闡發《莊子》內七篇的詩意道說，以及《莊子》詮釋史或影響史的全面建構。

提　要

徐復觀先生美學思想的形成，從外緣來看，由反省時代的文化脈動而來，在現代畫論戰中，徐先生予現代藝術以激烈的批判，在批判中透顯了對於藝術品所繫的觀物方式和世界感的關切，這個主題在後來的《中國藝術精神》一書中，得以完全顯題化，由此可見其重建傳統以批判現代的意向。再就內在理路的發展來說，徐先生的美學思想由人性論的關懷延伸而來，乃是生命美學的進路，依此進路，在理論的建構上，徐先生關切的是「生命」如何在藝術活動實現追求自由的可能，如何在審美觀照中通透萬物、擴大精神界域，達到主客互涉相融的境界，如何在創造活動中，經由藝術形相的構成，開顯存有的無限，在客觀世界中安頓自己；在歷史的脈絡上，徐先生追索著中國傳統的文學批評和繪畫品鑒中，關於主體生命與藝術形相的觀點，尤致力於闡發「文體出於情性」和「氣韻生動」二大文藝美學論題。本論文即從上述的面向中，嘗試將徐先生的美學思想予以再現、重構，以彰顯其理論精蘊，並評估其價值所在。

目　次

第三四冊　初期佛教「緣起」概念析論：緣起與《雜阿含》「雜因誦」諸相應概念之交涉

作者簡介

　　呂凱文，臺灣彰化市人，1969 年出生。學術興趣廣泛，從古印度宗教到當代哲學思想皆喜歡涉獵。1992 年政治大學哲學系畢業。1995 年政治大學哲學研究所畢業。1997 年就讀法光佛教文化研究所，研習梵語巴利語等古典佛教語文，並於 2002 年取得天主教輔仁大學哲學博士學位。曾任教華嚴專宗佛學研究所、圓光佛學院、真理大學等學術單位，並擔任《法光月刊》總編輯。目前為台灣的南華大學宗教學研究所的專任副教授兼所長，並擔任《世界宗教學刊》總編輯，以及巴利學研究中心主任等職。

提　要

　　「緣起」乃是初期佛教最為重要的教理之一，本論文研究目的即在於澄清與詮釋初期佛教之緣起概念的一般性意義。本文詳細考察「緣起」與「緣已生法」這兩個概念的區別，並且檢視阿毘達磨佛教傳統對於這些概念可能存在的誤解。有別於傳統研究方法，本文也採取「編輯者之詮釋性」的研究策略，藉著與「緣起」相關的種種概念來檢討這個主題的內涵與外延。全文分為七章。第一章「導論」，主要是說明本論文的研究目的、研究進路、研究策略、研究方法、研究範圍、研究資料、歷來重要研究成果與論文結構。第二章「緣起系列之句型結構分析」，分析緣起系列之句型結構，並藉此分析的成果作為理解緣起概念之準備。第三章『『緣起』與『緣已生法』之差別」，對於「緣起」與「緣已生法」之差別加以探究，並且嘗試檢視阿毘達磨佛教傳統對於這個問題的看法。此後，第四章「緣起之界」、第五章「緣起之諦」與第六章「緣起之食」，分別探討「界」、「諦」與「食」這三個概

念與緣起之交涉，並藉上述探討的成果重新詮釋緣起與「界」、「諦」與「食」三個概念的動態意義。第七章「結論」，對本文以上論述作扼要回顧，予以結論。

目　次

第三五、三六冊　從神不滅論到佛性論——六朝佛教主體思想研究

作者簡介

　　謝如柏，1973 年生，台灣大學中國文學系博士，現為暨南大學中國語文學系助理教授。主要研究領域為六朝佛教思想、魏晉玄學、道家思想。著作有《從神不滅論到佛性論——六朝佛教主體思想研究》、《《列子》「命」概念及其相關問題研究》，以及〈梁武帝「立神明成佛義記」——形神之爭的終結與向佛性思想的轉向〉、〈從涅槃經、眾生正因說到沈約的神不滅思想——南朝佛性學說與形神理論關係之考察〉、〈目的與工具之辨——楊朱思想的論證基礎與根本關懷〉等論文。

提　要

　　本書旨在探討神不滅思想的發展演變與思想史意義，企圖說明從漢末直至齊梁，中國佛教「神不滅」思想的發展表現出向「佛性」理論轉化的趨勢，並且說明此一發展，本質上乃是中國佛教「主體」思想的發展歷程。此一思想轉折的歷史進程，取決於各時期學者對「主體」問題的主流思想模式。初期的「神不滅」理論顯示出將染、淨皆收攝於「心」、「神」主體的特質，此正與當時佛教思想家如康僧會、支謙、謝敷、郗超、道安、支遁等人的佛學思想型態合轍；其具體表現便是慧遠、宗炳的神不滅思想。至般若學以及涅槃學發展初期，僧肇與涅槃師僧亮、僧宗、僧柔、智藏等學者普遍以「相續不斷」之「心」、「神」來解釋主體輪迴問題與正因佛性概念，表現在「神不滅」思想上便有沈約新型態之理論成果。從梁代寶亮開始，「心」、「神」作為佛性思想的核心概念，又再走向實體化的方向，其結果便是梁武帝神明成佛義之唯心一元論的思想體系。「神不滅」理論的發展歷程背後其實有相當重要的思想史背景，絕對不只是論爭層次的問題而已。而「神不滅」與「佛性」思想之間的交涉現象更非無意義的混雜，而是思想史或佛教史演變的重要轉折。

　　本書是作者 2006 年完成之博士論文，由林麗真教授指導。

目　次

第三七、三八冊　僧肇思想研究──以《肇論》爲中心

作者簡介

　　王月秀，臺灣省台中縣人。華梵大學中文系學士、輔仁大學中研所碩士；現爲清華大學中研所博士候選人。曾任教於華梵大學、清華大學，開設佛教文學、禪宗作品、歷代文選、大學中文、大學中文寫作等課程。現撰寫博士論文中。研究重心爲佛教思想、佛教文學、道家思想、六朝思想。

提　要

　　本文，旨以《肇論》爲中心，來研究僧肇思想。主以僧肇於《肇論》中所欲解決的基源問題，以及《肇論》相關詮釋議題來作爲行文的軸心，以開展僧肇思想的原貌。希冀以問題探討的方式，「宏觀」與「微觀」的視野，來繼承與創新前人的研究成果，釐清《肇論》中有待商榷的詮釋議題，使僧肇思想的輪廓與內涵更能清楚如實的呈顯。內容分成六個部分：

（一）緒論：說明本文研究的緣由、目的，回顧前人的研究成果，並提出相關問題。此外，並說明本文的研究方法、進路、範圍與意義。

（二）僧肇與《肇論》：首章，旨扼要探討僧肇的生平傳略、著述問題、思想背景、魏晉玄學與佛學交涉的時代思潮、《肇論》的結構安排，以及《肇論》的基源問題。

（三）《肇論》四論探析：第二章至第五章，主要是依循僧肇的著述先後，分

別對〈般若無知論〉、〈不眞空論〉、〈物不遷論〉，以及〈涅槃無名論〉四論，作紮實的義理解析功課，並隨文解決有待商榷的《肇論》詮釋議題。希冀返溯僧肇的思想理論，並在僧肇展示基源問題的解答中，進行理解與詮釋，勾勒出僧肇整體的義理架構與思想全貌。

（四）〈涅槃無名論〉眞僞考：第六章，旨探討〈涅槃無名論〉的眞僞問題。先是在有限的文獻條件之下，詳實爬梳該篇眞僞考史，爾後在繼承前人的研究成果下，進一步提出一己的論據，證明：〈涅槃無名論〉是僧肇作。

（五）《肇論》及其詮釋的檢討：末章，旨在檢討《肇論》本身的詮釋難處，以及檢討後人詮釋的特色，可謂是進行本文研究後的小小省思。

（六）結論：旨在對本文的研究作一簡單回顧，彙整成果與特色。

目　次

下　冊

第三九冊　《起信論》與天台教義之相關研究

作者簡介

　　何國銓，廣東南海人，三十六年生。早年畢業於國立臺灣師範大學國文系，其後赴香港，在新亞研究所追隨唐君毅、牟宗三兩位老師研讀中國思想並取得碩士學位，之後回國在中國文化大學羅光老師指導下以"起信論與天台教義之相關研究"一文獲授國家文學博士學位。現職國立臺中技術學院應用中文系教授，擔任中國思想史、老莊及易經等課程，著有"中國禪學思想研究"等書。

提　要

　　題為馬鳴造，真諦譯之《大乘起信論》自出世以來，註釋百七十餘家，為書不下千卷，其影響中國佛教界亦可謂至深且鉅矣。智儼及法藏得以本論為基礎而成立無盡緣起之華嚴圓教，清涼更視之為兼圓究竟之說，致使當時與華嚴論諍不已之天台六祖湛然也不得不對本論賦予極大之關切，在其所著之《金剛

錍》及《止觀大意》中也套用賢首《起信論義記》之「隨緣不變，不變隨緣」
之語。雖然取義有所不同，其根本立場亦無非在闡明天台性具說之優越耳。迨
唐末五代，教流海東，大宋龍興，遺文復返。然習天台者，久生難熟，于祖典
一時亦不易契入也。加上誤解荊溪「隨緣」之意，遂有山外派之視「介爾一心」
爲「靈知眞性」，把天台實相論轉變爲唯心說，援引《起信》，齊今圓教，並以
別理不隨緣而認定起信論之純圓究竟地位。此宋法登在《議中興教觀》一文中
所以有「擠陷本宗圓頓之談，齊彼終教」之嘆也。

　　按《起信論》一書，據梁啓超氏之考證，乃承《楞伽經》義理改造而成，
因受當時地、攝二家思想之影響，故有調和阿賴耶與如來藏眞妄二元對立、建
立眞妄同體，渾然一識之一元觀。其說法則只有一法，就是眾生心，此乃如來
藏自性清淨心，所謂「一法界大總相法門體」是也。實則，此法界亦只是法性
之異名，復是迷悟之所依，所謂「眞如在迷，能生九界」。故論雖分眞如與生
滅二門，其性不二，唯一眞心。然既是眞心，則只可謂具淨法，以性起唯淨故，
不可能具染法也。此所以《勝鬘經》亦謂「不染而染，難可了知」矣。實則染
法只是無明識念憑依眞心而縐起者，與眞心無涉，所謂「煩惱不觸心，心不觸
煩惱」，故無明與法性是體別而不相即，此四明知禮所以謂「但理隨緣作九，
全無明功，既非無作，定能爲障，故破此九，方能顯理」矣。則本論底子仍脫
不了「緣理斷九」之性格，此天台所以判爲別教，而華嚴亦視之爲終教而已。
關于此點本論文首二章已有詳述。

　　至於天台教義，據荊溪《止觀義例》云：「以『法華』爲宗骨，以『智論』
爲指南，以『大經』爲扶疏，以『大品』爲觀法。」看來，其教理之基礎乃是
依據《法華經》及龍樹學而成者，故本質上屬實相學而非唯心論。所謂實相，
乃指宇宙萬有，當下即是眞理，惡之當體即是善之當體，故一色一香無非中道，
低頭舉手皆成佛道也。唯在實踐止觀之修行上，又不免有唯心之傾向。然而「唯
心之言，豈唯眞心！」依天台，所謂一念三千之「一念」，乃指刹那之陰入妄
心，此一念心智者在《四念處》中亦稱作「一念無明法性心」。所謂無明無住，
無明即法性，法性無住，法性即無明，從無住本立一切法，則無明與法性是體
同而相即，故一念心中即具十法界三千世間而爲一不思議境之圓教也。又此天
台實相學原理亦即本論文第三章所要討論者。

　　至於本文則題爲《起信論與天台教義之相關研究》，全文共分四章，乃是
根據《起信論》之唯心說與天台實相學二者本質之歧異，參照智者《法華玄義》

卷九中以十義（即融不融，即法不即法，斷斷不斷斷等）判別圓之原則，料簡
與《起信論》有關之諸天台宗文獻，其中包括先天台南岳慧思《大乘止觀法門》
之如來藏性有染淨說，六祖湛然《止觀大意》與《金剛錍》中之隨緣義，與及
受《起信論》思路影響頗深之山外諸師之唯心論說，諸如源清之《十不二門示
珠指》，宗翌之《十不二門註》，智圓之《金剛錍顯性錄》等文作一料簡。至於
視真如隨緣說為圓教之極理，諸如繼齊之《指濫》、子玄之《隨緣撲》，玄之《隨
緣徵決》等文獻，由於久已散佚，則只能就仁岳之《別理隨緣十門析難書》中
探索，並作一抉擇而已。有關此等異說俱見于第四章，亦即本論文所處理問題
核心之所在也。

　　至於本論文題目，所涉範圍，雖似嫌太廣，而實則重點不外在料簡與《起
信論》相關之天台教學而已。然為欲溯本尋源，以復天台原貌，是則於行文
之際，釋義之時，雖一以天台教判為準，然於《起信論》華嚴義理亦非可以
不深究也。故先及《起信》，後述天台，就其教觀特色，義理規模，不厭其
煩，清其眉目，如此宗骨突出，圓旨自露，異說永息，此亦即本文撰作之要
旨所在也。

目　次

第四十冊　先秦儒道二家養生思想

作者簡介

　　謝慧芬，畢業於國立中山大學中文系研究所碩士班，以先秦諸子的學術思想研究為個人專長，學術興趣亦涉及佛學思想與宋明理學的研習，在思想類科的表現頗具天份。復戮力於教學工作，曾任職於文藻外語學院、正修科技大學與大仁科技大學等校，講授先秦諸子、四書選讀、中國文學簡述、易經與人生、大一國文及實用中文等課程，畢將專業成就傾全力以化育學子，並祈能內化為個人及學子們的生命涵養。

提　　要

　　儒家思想是中國文化的主流，它肯定現實人生的努力，更為了實現人生價值與社會抱負而重視生命，故其養生思想如《尚書》的〈無逸〉篇、《易經》的〈頤卦〉等，對中國古代養生學都產生了不可忽略的影響。又者孔子直接從人的性情立教，在衣食住行方面注重養生；孟子對道德身心、氣與道的關係，有獨特的解說，對後世蔚為一大影響；荀子則主張治氣養心「莫經由禮」。而先秦以老子、莊子為中心的學派，以自然天道觀為主要的學說內容，其注意力更多地著眼於人的本身，對自我的生命活動也具有更豐富的體驗。因此與儒家相比，道家學說與養生思想的連繫，就更直接、更具體、也更深入，包含更豐富的養生內容。道家追求的是生命本質的解脫與精神安寧，尤其強調精神的超然與人格的獨立，其氣化的身體觀實為一大特色。儒家將養生思想與品德涵養結合，突顯其著重倫理教育的思想特點；道家將養生思想與精神、生命解脫結合，突顯其精神脫俗、逍遙人世的出世追求，兩派著眼之處不同，卻都饒富趣味、足以發人深思。

目　　次

儒道陰陽三家思想之起原研究

周昌龍　著

作者簡介

周昌龍，國立台灣大學中文系及中文研究所畢業，香港中文大學傳播研究所碩士，美國威斯康辛大學東亞文學與思想史博士。曾任香港浸會學院講師，中國時報駐紐約辦事處主任兼總編輯、國立暨南國際大學中文系主任、文藻外語學院院聘講座教授兼應用華語系主任等職，現為國立暨南國際大學中文系暨華語所合聘教授兼華語文教學研究所所長。先後創立文藻應華系及暨大華語所。學術專長為中國學術思想史、近現代文學、東西學術交流、傳播語言學與華語文教學等。其他專書著作包括：《周作人與新文化運動》（英文）、《新思潮與傳統》、《胡適與中國傳統》、《中國現代散文精讀》（主編）、《當代報導文學選集》（合著）等。

提　　要

　　本論文主要探討先秦儒、道、陰陽三個主要學派的起原問題。

　　儒本是術士之稱，這術士不是方術之士，而是說文「術，邑中道也」之義的道術之謂，引申為治國方法與學問的泛稱。西周是政教合一的社會組識，統治階層也就是知識階層，掌握的知識則是六藝。統治階層文武分途的需要漸漸明顯後，一部分世襲擅長文學知識的，超越了祝宗卜史的世職，另成儒這個群體，其特質相對於武事而言，便謂之柔。這是《說文》「儒，柔也，術士之稱」一語的來歷。六藝學問，本為國家政典，其主體形成於周初，部分禮制如三年之喪等，更可溯源到殷商。

　　道家一名原非先秦固有，實出於秦漢之際，其人亦非自覺地成一學派者。道家之得名，是由於老莊等賦道字以「萬物之所然也」（韓非解老）此一宇宙之元之新義，此一新義，不見於詩、書、易卦爻辭，道家諸作外，只見於易繫辭傳、管子內業篇心術篇、韓非子等書，時代約都不在孟子之前。則道家之道觀念，應為戰國中後期之時代所孕育者。道家與儒墨等結集式學派不同，其思想非有單一宗派師承，而係獨立思想家之間互相激盪影響，難有單一源流，漢志所謂出於史官者，並非確說。道家思想志在破壞傳統禮治體制，回歸自然。其攻擊仁禮之批判性，又為新興之法家所憑藉。

　　民國以後辯論陰陽五行的來歷，要不出二端。一以梁啟超、顧頡剛為代表，以為起於燕齊方士而造成於鄒衍。一以呂思勉、范文瀾為星宿海，以為是原始民族宗教之遺留。宗教遺留說似乎符合文化人類學之學術主流，但證以殷墟卜辭，則全不見陰陽五行痕跡，此說尚待證據通過。神秘意義的五行雖不見於詩書等古文獻，然左傳已多有記載，並非燕齊方士和鄒衍的專利發明。考其方術多與祝宗卜史之職業技能有關，則其體系雖創自鄒衍，其源流則與儒家六藝同樣古舊矣。

目

次

緒　言

　　我們每討論一個問題，必然要從事物的發生、發展、變化來進行分析研究。一個學派和一種學說的發生，都應有其時代背景和承受淵源。古人所謂「辨章學術，考鏡源流」，直到今天，仍然是做學問的人應該首先努力的工作。先秦學術是我國學術思想史的第一章，其重要性自不待言，然此第一章的序幕——各家學說之起源，當如何寫定？學者各從其所好，見仁見智，迄今未有公論。孟子說：「誦其詩，讀其書，不知其人可乎？是以論其世也。」我們讀百家之書，自當以明瞭其時世源流為要圖，不能讓這段重要的歷史，永遠存疑下去。

　　劉歆《七略》將先秦諸子區分為儒、道、陰陽、法、名、墨、縱橫、雜、農小說等十家，班固本其說，以成《漢書・藝文志》，網羅眾家，條理繁賾，後世治先秦學術史的人，莫不以《漢志》為正鵠，思不出其外，於是，十家九流之目，遂為學者所遵用。

　　考先秦有組織有團體意識之學派，僅有儒墨兩家，其餘陰陽、道、法、名等家，在當時，並沒有這些名稱，也沒有經過任何組織，這些家派的劃分，完全是後人為了研究上的方便起見，加以整理歸納的結果。今日所見戰國時人綜論諸子學術的書，如《荀子・非十二子篇》、《莊子・天下篇》、《呂氏春秋・不二篇》等，於論述諸家學術時，但言某人某人而不指其為某家之學，其餘先秦篇籍中，除儒墨外，僅《戰國策・趙策二》有「刑名之家」之語。《戰國策》一書，羅根澤指為蒯通所作，雖未能論定，然篇中記秦兼天下高漸離以筑擊秦皇帝事，知其書之著成，不在先秦。是則先秦所有著作中，固無諸家之目。《史記・秦始皇本紀》載李斯奏議說：「非博士官所職，天下敢有藏

詩書百家語者，悉詣守尉雜燒之。」以百家稱諸子，是其時諸子已有家之稱號。〈陳丞相世家〉記陳平語云：「我多陰謀，是道家之所禁。」不知是陳平真如此說，抑或是司馬遷行文時之潤飾？但李斯時既已有百家之稱，則陳平稱引道家，亦非不可能之事。要之，諸子之家派稱號，約起於秦漢之際，乃後人追述，非當時實錄也。秦漢統一之後，學者整理先代文物，於浩如烟海之百家雜語，必先記其統緒，辨其派別，乃創立各家名目，以酌其原而馭群委。劃分流派，既為後人所發明，則當劃分諸子家派時，必有一依據之標準，方能將思想界之數大潮流，一一梳理允當，而不陷於鹵莽滅裂之局。但司馬談〈論六家要旨〉，及班固〈藝文志〉，皆就各家之說施以評騭，並未言明其劃分之標準及依據，致使後人對此一分類及流變之記載，議論紛紜，莫衷一是。崇信者以為其洞悉學術淵源，諸所分類，悉含妙諦；掊擊者譏其一無理致，全不識學術流別。皮之不存，毛將焉附？分類標準既不明瞭，其所述諸家之起原與流變，自亦缺乏討論之依據。故近人有推挹諸子出於王官說者；有以為出於補救時政者；有以為出於職業者。心中既無日月之具體形像，乃捫燭扣盤，謂日之形如盤，日之光如燭，是是非非，伊於胡底？

今討論先秦學術流派，先從其組織上着手，明諸子百家，原有三類不同性質之組織，即：一、傳統學派：儒墨；二、職業團體：陰陽、名、法、農；三、自然主義思想家：道家。其中儒墨兩家在先秦已具備完美之組織及強烈的團體意識，人皆以「儒者」、「墨者」目之，彼亦以「儒者」「墨者」自居。此二家名目乃先秦固有，非由後人創製。陰陽家等原先並未經過組織，以其從事相同性質的職業，具有相同的術藝與觀念，自成一家之言，後人因以其職業之特性名之曰陰陽家、法家、農家等。春秋戰國為一大變動之局，封建制度徹底破產，傳統信仰消失，價值動搖，社會上遂產生一種避世之士，以人為制度為一切動亂之根源，以自然無為為依據，老聃、楊朱、莊周，由此其選也；若分別觀之，老莊諸子之學說各有其不同面貌；合而觀之，皆以自然之道為宗，故後人目之為道家，其實皆獨立異行之士，並未組成家派。

諸子之組織既有此三類不同性質，則對其流派之起原，自當分別觀之，不必以為定出於一原。知《漢志》所謂「某家者流蓋出於某某之官」云云，率皆臆測之詞，不得以其「去古未遠」，而遂以為其說「必有所本」也。近代學者雖知《漢志》所述淵源不盡可靠，而思有以易之，然因未曾留意諸家組織之不同性質，乃重蹈《漢志》覆轍，欲將此滔滔百川，盡溯於一源，故此

各執一端，進退失據。而此先秦學術史上最重要之一章，遂如霧鎖塵封，難窺其眞相矣。吾幸而生諸前賢之後，憑藉豐厚，拘束駁少，旁收廣輯，略抒管見，爬梳各家之說，以竟前賢之功。翼鵬師云：「學術爲天下之公器，眞理越辨而越明。」是篇之作，非敢謂有任何定論，但求能爲學界提出若干問題，聊盡學術工作者之天職而已。

第一章　前人對於諸子起原說的討論

第一節　九流出於王官說的探討

　　《漢書·藝文志》將先秦諸子劃分成儒、道、陰陽、法、名、墨、縱橫、雜、農、小說等十家，並認為：

（一）儒家出於司徒之官

（二）道家出於史官

（三）陰陽家出於羲和之官

（四）法家出於理官

（五）名家出於禮官

（六）墨家出於清廟之官

（七）縱橫家出於行人之官

（八）雜家出於議官

（九）農家出於農稷之官

（十）小說家出於稗官

　　其中小說家因為是「街談巷語，道聽塗說者之所造」，〔註1〕比較沒有學術地位，不得與於諸子流派，因此先秦諸子，實際上只有九家。這九家都有其一貫的學說宗旨，一脈的師承傳授，各自成一大宗派，而究其起源，却都是王官的支與流裔。這就是所謂的「九流出於王官說」，從東漢以後，便一直支配著學術界，歷代學者從沒有懷疑過，直到民國以後，胡適之先生在國外

───────────────

〔註1〕《漢書·藝文志》。

發表了〈諸子不出於王官論〉，始指出九流出於王官云云，乃是一項錯誤的觀察，「皆屬漢儒附會揣測之辭，其言全無憑據。」〔註2〕其主要論證有三項：

第一：劉歆以前之論周末諸子學派者，皆無此說也。

第二：九流無出於王官之理也。

第三：〈藝文志〉所分九流，乃漢儒陋說，未得諸家派別之實也。〔註3〕

胡先生所列出的三條綱領，體大思精，氣象宏濶，如果加以詳細申說，確可從此摧毀漢儒在學術史上所樹立的權威，而另外建立一個較周密較合理的學說。可惜胡先生往往只是使用「舉上一家，可例其他」，「即此一說，已足摧毀九流出於王官之陋說矣」等決絕的語氣，而未曾有明確的申說。因其論證簡略，所以難服守舊人士之心之口。近人熊公哲即駁斥之云：

> 且古者書冊司於官府，教育之權柄於王官，非仕無所受書，非吏無所得師。太炎先生此言，彼致疑於王官者，初亦未嘗不以為然，其事本自昭著；無可置議。乃姑作傳疑之詞，謂此或實有其事，著一或字。既然曰古者書冊司於官府，教育之權柄於王官，或實有其事；又曰學在王官是一事，諸子是否出於王官又是一事。則未知書冊之與諸子，有關乎，無關乎？教育之與學術，有關乎，無關乎？此雖童騃知之矣。〔註4〕

由於〈藝文志〉之偶像未能打破，守舊思想之壁壘猶存，胡先生以為「即此一說，已足摧毀」者，熊公哲以為「不得以是而竟疑《漢志》。《漢志》，固史家紀述也。」〔註5〕所以發生此種爭端，至今日仍然各執一辭，懸案難析者，皆由於論證不周耳。今取胡先生之意，為之論〈藝文志〉九流說之不可信者如下：

一、戰國著錄書，除儒墨外無別的家派

現存漢以前人論述當代學術流派的作品，有《莊子・天下篇》，《尸子・廣澤篇》，《荀子》之〈非十二子篇〉，〈天論篇〉，〈解蔽篇〉，《韓非子・顯學篇》，《呂氏春秋・不二篇》等。這些篇章都是戰國中期以後的作品，是當時

〔註2〕胡適之〈諸子不出於王官論〉，《胡適文存》一集二卷。

〔註3〕同上。

〔註4〕熊公哲〈諸子與王官〉，《學粹》七卷3期。

〔註5〕同上。

學者，各自站在自家立場上，批評同時代的各家思想的論著，他們的論點庸
或有偏激不公正的地方，而他們所批評指責的對象，則一定是當時實存實有，
並且正在風行的思想。把這些篇章綜合起來，我們不難窺見，蠭出並作的先
秦諸子，到底有那些家數。

茲將從這些篇章中所見到到先秦諸子及流派，羅列如下：

（一）《莊子・天下篇》

墨翟，禽滑釐；宋鈃，尹文；彭蒙、田駢、慎到；關尹，老聃；莊周；
惠施（附桓團、公孫龍）；共六家。

（二）《尸子・廣澤篇》

墨子，孔子，皇子，田子，列子，料子。共六家。〔註6〕

（三）《荀子・非十二子篇》

它囂、魏牟；陳仲、史鰌；墨翟、宋鈃；慎到、田駢；惠施、鄧析；子
思、孟軻。共六家。

（四）《荀子・解蔽篇》

墨子，宋子，慎子，申子，惠子，莊子。共六家。

（五）《荀子・天論篇》

慎子，老子，墨子，宋子。共四家。

（六）《韓非子・顯學篇》

有儒、墨兩大派，又附及宋榮子（即宋鈃），其中儒分為八，墨分為三。

（七）《呂氏春秋・不二篇》

老耽，孔子，墨翟，關尹，子列子，陳駢、陽生，孫臏，王廖，兒寬。
共十家。〔註7〕

《莊子・天下篇》是莊周一派的後學所作，其著成時代約在戰國晚葉，
〔註8〕荀子及韓非子乃是戰國末期人，韓非死於入秦後次年，即秦始皇十八

〔註6〕田子即田駢，皇子，料子不可考。

〔註7〕陳駢即田駢，陳田古音同通用。王廖，兒良皆兵家。《漢志》兵權謀有兵家一
篇。

〔註8〕胡適之《中國哲學史大綱》，頁236至254，主要説〈天下篇〉有「桓團，
公孫龍辯者之徒」一語，公孫龍為平原君門客，與莊子時代不相應，故〈天
下篇〉決不是莊子自作」，而是「韓國末年人造的。」梁任公《莊子・天下
篇》釋義駁之曰：「平原君相趙惠文王及孝成王見史記本傳，趙惠文王以周
報王十七年即位，即以弟勝為相，封平原君，見〈六國表〉。實西紀前298
年，上距魏惠王之死二十一年耳。公孫龍當信陵君救趙破秦時前257年尚

年，〔註9〕下逮秦滅六國，統一天下，僅有八年，《呂氏春秋》著成於秦始皇時，〔註10〕之後不久，大一統的專制帝國誕生，諸子時代結束。故就時間上言，這七篇文章可以記述到諸子時代的最末期，絕不會有遺漏的；從地域上言，《荀子》與《莊子》均寫於南方的楚，〔註11〕《呂覽》寫於西方的秦，〔註12〕《韓非子》寫於中原三晉之地。〔註13〕易言之，即包括了先秦時代整個文化區域。時間與空間既都不致構成障礙，則先秦時代若果真有勢力龐大組織完備的家派，如〈藝文志〉所稱述的，這七篇文章中至少應當會提到一二家。然而，《韓非子》但云：「世之顯學，儒墨也。」〔註14〕其餘諸家，竟付闕如。或許我們可以這樣解釋：這些篇章在評述諸子學說時，習慣上都不用家派名稱，而喜歡舉個人為代表。我們姑且承認這七篇文章的作者都有此共同的習慣，然後再翻查先秦所有的典籍，看看當時除了儒墨之外，是否還有別的家派稱號？結果我們發覺，僅只《戰國策》中有「刑名之

生存，見《戰國策》假令龍其年八十歲，則當梁惠王死時，龍年已三十，況施之死在惠王之後，而莊周之死又在施後耶？然則莊周上與惠施為友。而下及見公孫龍之辯，更何足怪？」（見梁氏《諸子考釋》）錢賓四《先秦諸子繫年》一四一曰：「燕昭以廿八年破齊，至三十三年卒。龍之說燕昭在二十八年後，是為龍事跡最先可考之年。又下至平原君卒凡卅三年。此下無公孫龍事，龍卒蓋亦在是時。則其生當在燕噲，齊宣時，惠施已老。施之死在魏襄王九年前，龍蓋未能踰十齡也。……下逮惠施之卒，周年五十至六十，時公孫龍不出十歲。」然則莊子卒時，公孫龍猶在弱冠初學之年，知莊子不及稱引公孫龍。是〈天下篇〉當為莊子後學所作，其時代約屬戰國晚葉也。

〔註9〕 參考錢賓四〈李斯韓非考〉，《先秦諸子繫年》第一五六。

〔註10〕 參考錢賓四〈呂不韋著書考〉，《先秦諸子繫年》第一五九。

〔註11〕 《史記·孟荀列傳》：「荀卿乃適楚，春申君以為蘭陵令。春申君死，而荀卿廢，因家蘭陵。……荀卿嫉濁世之政，亡國亂君相屬，不遂大道，而營於巫祝，信禨祥。鄙儒小拘，如莊周等，又猾稽亂俗。於是推儒墨道德之行為興壞，序列數萬言而卒，因葬蘭陵。」是知《荀子》一書當著成於楚之蘭陵。

〔註12〕 《史記·太史公自序》：「不韋遷蜀，世傳呂覽」，說與本傳牴牾。方孝儒《呂氏春秋·附考》說：「夫不韋以見疑去國，歲餘即飲酖死，何有賓客，何暇著書哉？」知書成於不韋在秦為相之時。

〔註13〕 《四庫提要》：「考《史記·非本傳》稱：『非見韓削弱，數以書諫韓王，韓王不能用。悲廉直不容於邪枉之臣，觀往者得失之變，故作孤憤五蠹內外儲說，說林說難十餘萬言。』又云：『人或傳其書至秦。秦王見孤憤五蠹之書。』則非之著書，當在未入秦前，史記自敍所謂韓非囚秦，說難孤憤者，乃史家駁文，不足為據。」

〔註14〕 《韓非子·顯學篇》。

家」一語，〔註 15〕《戰國策》的著成時代雖不能確知，但篇中記載高漸離筑擊秦始皇事，可見其非先秦之書。〔註 16〕則先秦時代，除儒墨外，並沒有其他任何學派組織與學派名稱。

至於像關尹、老聃、慎子、尸子、惠施等人，先秦古籍上都只稱其名，絕不冠以任何學派稱號。他們的學派稱號，就像唐詩中的浪漫派、邊塞派、社會派等稱謂一樣，都是出於後人的整理歸納，而非當時的實錄。〔註 17〕故此，《漢志》九流十家之分，就先秦文獻上而言，也是缺乏根據的。

二、劉歆之前，漢人並無十家九流之說

班固《漢書·藝文志》乃刪述劉歆《七略》而成，十家九流之分當亦本諸劉歆。然歆說只是一家之見，在當時並無絕對之權威性，檢視劉歆之前，漢儒論諸子學術者，尚有數家，其說皆自成統系，與劉歆之說不盡相同。

《淮南子·要略篇》述評先秦各家學術云：

> 孔子修成康之道……故儒者之學生焉。
>
> 墨子學儒者之業……
>
> 齊桓公之時，……管子之書生焉。
>
> 齊景公內好聲色，……故晏子之諫生焉。
>
> 晚世之時，……縱橫脩短生焉。
>
> 申子者，……故刑名之書生焉。
>
> 秦國之俗，……故商鞅之法生焉。

其中晏子與孔子齊出，不入儒者之學。申不害與商鞅並列，而無法家之名。提到的派別僅有儒、墨。而縱橫脩短，刑名之書與晏子之諫，商鞅之法同一體例，都是指某種主義或技藝而言，並不是家派名稱。其他〈藝文志〉所述的道、雜、農、名、陰陽等家，根本沒有提起。

其次，漢武帝的史官司馬談，曾綜括先秦學術，論述六家要旨說：

〔註15〕《戰國策·趙策二》：「夫刑名之家皆曰：白馬非馬也已。如白馬實馬，乃使有白馬之爲也。」白馬非馬是公孫龍所發明的辯題，而爲其他辯者所師承。則所謂刑名之家就是指辯者這個職業團體。

〔註16〕《戰國策·燕策三》：「秦兼天下，其後荊軻客高漸離以擊筑見秦皇帝，而以筑擊秦皇帝爲燕報仇，不中而死。」

〔註17〕參考張舜徽《中國古代史籍校讀法》第三篇。

《易大傳》：『天下一致而百慮，同歸而殊塗。』夫陰陽、儒、墨、名、法、道德，此務爲治者也，直所從言之異路，有省不省耳。〔註18〕

司馬談沒有提及縱橫、雜、農三家，而他所述的道德家——「因陰陽之大順，采儒墨之善，撮名法之要」，〔註19〕是一個混同式的大宗派，與〈藝文志〉所說：「知秉要執本，清虛以自守，卑弱以自持。」的單一道家不同，反倒與「出於議官，兼儒墨，合名法，知國體之有此，見王治之無不貫」的雜家遙相呼應，若合符節。故此，劉歆、班固與司馬談雖然同用了「道家」這個名辭，而其內涵及所指對象則完全不同。司馬談所謂「道家」，實即劉歆、班固所稱的「雜家」；〔註20〕而劉、班所謂的「道家」、農家、縱橫家等，都是〈六家要旨〉中所未提及的。章太炎說：「縱橫、農、雜、小說四家，自史公以前，都不數也。」〔註21〕這話說得非常正確。

淮南王安和司馬談是漢文帝、武帝時人，劉歆是西漢末年人，相距大約一百年，而三家對諸子流派的敍述却各不相同，這是什麼道理呢？原來學術分「家」，以「家」名學，是很晚的事。胡先生曾指出，在先秦思想史料裏，從來沒有名家、法家、陰陽家、道家的名稱。〔註22〕而我們知道，《戰國策·趙策》有刑名之家；〔註23〕《史記·秦始皇本紀》有百家語之稱；〔註24〈陳丞相世家〉，記陳平的話說：「我多陰謀，是道家之所禁」。則家派名稱，實起於秦漢之間。時間越晚，名稱越齊備，所以《淮南子》還沒有諸家名稱，司馬談便論述了六家，到劉歆之時，更增加至九流十家。踵事增華，其來有自。然即此亦可見九流十家之目，發自劉歆，在當時原無絕對之權威性。梁任公〈漢志諸子略考釋〉說：

司馬談所分六家，頗能代表戰國末年思想界之數大潮流。……劉略踵之以置諸九流之前六，蓋亦覺其無以易矣。然以其不足賅群籍也，

〔註18〕 《史記·太史公自序》。
〔註19〕 同上。
〔註20〕 胡適之《中古思想史長編》，頁85：「司馬談所謂道家，即是漢書所謂雜家。」又《淮南王書·序》，頁14：「其實道家也就是一個大混合的思想集團，也就是一個雜家。」
〔註21〕 章太炎〈諸子略說〉，《國學略說》。
〔註22〕 胡適之《淮南王書·序》，頁19。
〔註23〕 見註16。
〔註24〕 《史記·始皇本紀》：「非博士官所職，天下敢有藏詩書百家語者，悉諸守尉雜燒之。」

乃益以縱橫、雜、農、小說。……由此觀之，分諸子爲九家十家，
不過目錄學一種利便。後之學者推挹太過，或以爲中壘洞悉學術淵
源，其所分類，悉含妙諦而衷於倫脊，此目論也。反動者又或譏其
鹵莽滅裂，全不識流別，則又未免太苛。夫書籍分類，古今中外皆
以爲難。杜威之十進分類法，現代風靡於全世界之圖書館，繩之以
論理，掊之可以無完膚矣。故讀《漢志》者，但以中國最古之圖書
館目錄視之，信之不太過而責之不太嚴，庶能得其眞價值也。
其語最爲公允。

三、漢志劃分諸子派別與先秦事實不盡相符

（一）《莊子·天下篇》說：「不累於俗，不飾於物，不苟於人，不忮於
眾，願天下之安寧，以活民命。人我之養，畢足而止，以此白心。古之道術，
有在於是者，宋鈃、尹文，聞其風而說之。……見侮不辱，救民之鬥；禁攻
寢兵，救世之戰。以此周行天下，上說下教，雖天下不取，強聒而不舍者也。」
宋鈃與尹文應該屬於那一派，由於〈天下篇〉的描述不夠明確，至今異說紛
紜，莫衷一是。《陶潛集·聖賢群輔錄》認爲是三墨的一支，〔註25〕王夫之也
說：「此亦近墨，而不爲苦難之行。」〔註26〕清儒陳澧則以爲尹文是名法之家，
〔註27〕胡適之先生也說：「尹文是中國古代法理大家。」〔註28〕由於這兩家的
著作早已散佚，無從判斷這些異說的是非。但有一點可以肯定的，〈天下篇〉
既將宋鈃、尹文合併討論，根據它的體例，這二人的思想應該是屬於同一類
型的。然而《漢志》却將宋鈃入小說家，尹文入名家，顯然與先秦人的意見
不同。

（二）〈天下篇〉說：「慎到棄知去己，而緣不得已，泠汰於物，以爲道
理。曰知不知，將薄知而後鄰傷之者也。謑髁無任，而笑天下之尚賢也；縱
脫無行，而非天下之大聖；椎拍輐斷，與物宛轉，舍是與非，苟可以免；不
師知慮，不知前後，巍然而已矣。……田駢亦然，學於彭蒙，得不教焉。」〈天
下篇〉很明顯地指出了慎到、田駢與彭蒙的關係，他們的思想都屬於黃老一

〔註25〕《陶淵明集·聖賢群輔錄》，頁 10、三墨條。
〔註26〕王夫之《莊子解·天下篇》。
〔註27〕陳澧《東塾讀書記》卷十二〈諸子〉，頁 19。
〔註28〕胡適之《中國哲學史大綱》上頁 351。

系。《史記·孟荀列傳》說：「慎到趙人，田駢、接子齊人，環淵楚人，皆學黃老道德之術。」可為明證。可是〈藝文志〉沒有著錄彭蒙，（古今人表亦無）而將慎到入法家，田駢入道家，顯然與〈天下篇〉所述者不合。

《莊子·天下篇》的著成時代雖不能確知，照近代學者最普遍的看法，乃是戰國晚葉莊子的後學所為，〔註29〕它記述先秦學術流別，可以代表先秦人的看法，當然比漢人經秦火之後，出於整理追述者更為真實可靠。

從以上三點，我們證實了所謂十家九流云云，只是漢人整理《先秦學術史》之後所歸納出來的意見，而此意見可議之處頗多，並不符合歷史真相；同時，所謂九流出於王官云云，亦僅是劉歆一家之言，而為班固所信奉，並無文獻上之依據，因之亦不得作為定論。事實上，諸子的學術思想，相生相滅，錯綜複雜，並非九流所可賅括，自亦不能將此滔滔百川，盡溯諸於王官一澗，謂晚周蓬勃新生之文明，只等於周公制作之散失，此說本極不可通。所以有此謬誤者，皆緣漢儒定孔學於一尊，視諸子為附庸，故有：「合其要歸，亦六經之支與流裔」云云，〔註30〕又以為六經皆先王舊典，掌於官守，平民不仕則無所受書，無所求學，更無緣產生學術思想。近代學者主張諸子出於王官者，猶多守持此一意見，如章實齋云：

> 劉歆所謂某家者流，其源出於古者某官之掌，其流而為某家之學，其失而為某事之散。夫某官之掌，即先王之典章制度也；流為某家之學，則官守失傳，而各以思之所至自為流別也；失為某事之散，則極思而未習於事，雖持之有故，言之成理，而不能知其行之有病也。〔註31〕

章太炎云：

> 古之學者多出王官，世卿用事之時，百姓當家則務農商畜牧，無所謂學問也。其欲學者，不得不給事官府，為之胥徒，或乃供灑掃為僕役焉。……《說文》云：『仕，學也』仕何以得訓為學？所謂官於大夫，猶今之學習行走耳；是故非仕無學，非學無仕。〔註32〕

劉師培云：

> 吾觀上古之時，政治學術宗教合於一途，其法咸備於明堂。明堂者

〔註29〕見註8。
〔註30〕語見《漢書·藝文志》。
〔註31〕《文史通義原學》中頁46。
〔註32〕章太炎《國學略說·諸子略說》。

合太廟太學爲一地者也。凡教民宗祀，朝覲、耕籍、舉賢、饗射、
獻俘、議政、望氛、治曆、告朔、行政之典皆行於其中，而有周一
代之學術即由此而生。儒家之學即教民之遺法也，墨家之學即宗祀
之舊典也，名家之學即舉賢之遺制也，法家之學亦行政之大綱也，
推之縱橫家之學出於朝覲，陰陽家之學出於治曆望氛，農家之學出
於耕籍，雜家之學出於議政，兵家之學出於習射獻俘，即道家之學
亦從此起源。厥後明堂各典掌以專官，及官失其傳，私家著作乃各
執一術以自鳴。〔註33〕

熊十力云：

諸子之學，皆原本六經。名家者流，自《易》《春秋》出。……墨家
者流，自《春秋》《尚書》出。……法家之學，蓋通《春秋》升平，
與周官之旨。……道家者流，自大《易》出。……農家者流，自《詩》
出。……凡此數大學派，皆出於六經，諸家思想脉絡，的然可尋。

〔註34〕

以上四家之說，足以代表一切擁護諸子出於王官論者的意見，四家之中，以
熊十力諸子出於六經的說法最大膽新奇，也最缺乏依據，所以歷來很少有人
注意。但實際上，所有主張諸子出於王官說的人，都是以《漢志》「合其要歸，
亦六經之支與流裔」一句話作爲主要根據的，觀實齋、太炎、申叔三家說法
可知。由於他們只是抱著「官人守要，而九流究宣其義」〔註35〕的觀念，從
來不考慮六經不完全是政典，更不承認諸子百家的學術是能夠超出政典範
圍，甚至完全與政典無關的，所以他們的論說都未免流於偏狹，近於附會，
而難逃胡先生「信古之陋」之譏。

第二節　諸子起於補救時政說的探討

　　《漢志》諸子出於王官說的不能盡滿人意，已如前述。現在我們再來討
論另一個由漢人提出的諸子起原論——補救時政說。這個說法是由《淮南子》
提出的，《淮南子·要略篇》說：

〔註33〕《左盦外集》卷八〈古學出於官守論〉頁1。
〔註34〕熊十力《讀經示要》卷二頁51。
〔註35〕章太炎《國故論衡·原學篇》。

孔子修成康之道，述周公之訓，以教七十子，使服其衣冠，脩其篇籍，故儒者之學生焉。

墨子學儒者之業，受孔子之術，以爲其禮煩擾而不說，厚葬靡財而貧民，（久）服傷生而害事，故背周道而用夏政。……

齊桓公之時，天子卑弱，諸侯力征，南夷北狄，交伐中國，中國之不絕如線。齊國之地，東負海而北障河，地狹田少而民多智巧，桓公憂中國之患，苦夷狄之亂，欲以存亡繼絕，崇天子之位，廣文武之業，故管子之書生焉。

齊景公內好聲色，外好狗馬，獵射亡歸，好色無辨，作爲路寢之台，族鑄大鐘，撞之庭下，郊雉皆呴，一朝用三千鐘贛，梁邱據，子家噲導於左右，故晏子之諫生焉。

晚世之時，六國諸侯，谿異谷別，水絕山隔，各自治其境內，守其分地，握其權柄，擅其政令，下無方伯，上無天子，力征爭權，勝者爲右，恃連與國，約重致，剖信符，結遠援，以守其國家，持其社稷，故縱橫脩短生焉。

申子者，韓昭釐之佐，韓、晉之別國也。地墝民險而介於大國之間。晉國之故禮未滅，韓國之新法重出，先君之令未收，後君之令又下，新故相反，前後相繆，百官背亂，不知所用，故刑名之書生焉。秦國之俗，貪狼強力，寡義而趨利，可威以刑，而不可化以善，可勸以賞，而不可屬以名，被險而帶河，四塞以爲固，地利形便，畜積殷富，孝公欲以虎狼之勢，而吞諸侯，故商鞅之法生焉。

胡適之先生大體上贊同此說，他說：

此所論列，雖間有考之未精，然其大旨以爲學術之興皆本於世變之所急，其說最近理。即此一說，已足摧破九流出於王官之陋說矣。

〔註36〕

此外他又補充說：

吾意以爲諸子自老聃、孔丘至於韓非，皆憂世之亂而思有以拯濟之，故其學皆應時而生，與王官無涉。……故諸子之學，皆春秋戰國之時勢世變所產生。其一家之興，無非應時而起，及時變事異，則向之應

〔註36〕胡適之〈說儒〉，《胡適文存》四集卷一。

世之學翻成無用之文，於是後起之哲人乃張新幟而起，新者已興而舊者未踣，其是非攻難之力，往往亦能使舊者更新。儒家之有孟荀，墨家之有別墨，其造詣遠過孔墨之舊矣。有時一家之言蔽於一曲，坐使妙理晦塞，而其間接之影響，乃更成新學之新基。……〔註37〕

胡適之先生在「補救時政」一說之外，又輔以「交互刺激」說，以為大部份新思想新門派的誕生，都是針對著舊門派、思想的缺失而來的，當周天子的政權衰落，諸侯力征，陪臣僭奪之時，封建制度在各方面都暴露出它的弊端，思想界於是進入一個檢討階段，有知識的人紛紛著書立說，發抒一己的主張，以圖補救時政，別立制度，但每當一種新理論被提出之後，也許就會發覺它窒礙難通，缺乏實踐的價值，因而急轉直下產生另一種學說。似此，各種主義，各種思潮紛然雜陳，遂造成百家爭鳴蠭出並作的諸子時代。

清儒陳澧說：

凡道墨名法諸家所以自為其學者，皆以為孔子之詩書禮樂無救於亂，而思所以革之也。此道墨名法諸家之根源也。〔註38〕

蔡元培先生說：

種種學說並興，皆以其有為不可加，而思以易天下，相競相攻，而思想界遂演為空前絕後之偉觀。〔註39〕

這種意見，自然比單說「出於王官」來得完備。因此，馮芝生在寫中國哲學史的時候，也采納了這個觀點，並加以補充說：

在一社會之舊制度日即崩壞之過程中，自然有傾向於守舊之人，目觀世風不古，人心日下，遂起而為舊制度之擁護者，孔子即此等人也。……然因大勢之所趨，當時舊制度之日即崩壞，不因儒家之擁護而終止。繼孔子而起之士，有批評或反對舊制度者，有欲修正舊制度者，有欲另立新制度以替代舊制度者，有反對一切制度者，此皆過渡時代，舊制度失其權威，新制度尚未確定，人皆徘徊歧路之時，應有事也。〔註40〕

上述諸家的意見，自然都是事實，正如傅孟真先生所說的：

〔註37〕同上。
〔註38〕陳澧《東塾讀書記》卷十二〈諸子〉。
〔註39〕蔡元培《中國倫理學史》第一章頁6。
〔註40〕馮芝生《中國哲學史》。

封建時代的統一固然不能統一得像郡縣時代的統一，然若王朝能成
文化的中心，禮俗不失其支配的勢力，總能有一個正統的支配力，
總不致於異說紛紜。周之本土既喪於戎，周之南國又亡於楚，一入
春秋，周室只是亡國，所謂『尊天子』者，只是諸侯並爭不得解決
之遁詞，外放交逼不得不團結之口號。宋以亡國之餘，在齊桓晉文
間，竟恢復其民族主義，若魯頌之魯，也是儼然以正統自居的。二
等的國家已是這樣，若在齊楚之富，秦晉之強，其『內其國而外諸
夏』，更不消說。政治無主，傳統不能支配，加上世變之紛繁，其必
至於磨擦出好些思想來，本是自然的。思想本是由於精神的不安
而生，『天下惡乎定，曰，定於一』；思想惡乎生，曰，生於不一。
〔註41〕

然而，我們要特別留意的是，傅先生僅將世變紛繁，思想磨擦而生，視作春
秋戰國間諸家之學並興的原因，而不是說諸子百家都是起源於亂世，從亡國
亂政中培養出思想來的；相反地，傅先生認為：「西周晚年以及春秋全世，若
不是有很高的人文，很細的社會組織，很奢侈的朝廷，很繁豐的訓典，則直
接春秋時代而生之諸子學說，……皆都若無所附麗。在春秋戰國間書中，無
論是述說朝士典語的《國語》，或是記載個人思想的論語，或是把深刻的觀察
合著沉鬱的感情的《老子》五千言，都只能生在一個長久發達的文化之後，
周密繁豐的人文之中。」〔註42〕

　　當然，在一個激烈變動的歷史時刻之中，個人——尤其是知識份子——
的思想是自由的，對刺激的反應是敏銳的，當一個人眼看着往昔神聖不可侵
犯的制度與教條逐漸暴露出它的缺點來，卒至到達「四國無政，不用其良」，
〔註43〕「我相此邦，無不潰止」〔註44〕那一地步的時候，傳統的政治理想，
不能再使他有寧靜滿足的感覺，他的思想開始動搖，從光明走向暗淡，從理
想走向虛無，為了擺脫虛偽無用的教條，他必須在知的漩渦中爭扎，終於激
蕩出新的學說思想。不過，這種從新舊兩個時代碰擊下所產生的新思想新理
論，一般說來，都是些苦悶、絕望、與悲哀的調子，如楚狂接輿所唱出的：「鳳

〔註41〕〈戰國子家敍論〉第四節，《傅孟眞先生集》中編丙。
〔註42〕同上。
〔註43〕《詩・小雅・十月之交》。
〔註44〕《詩・大雅・蕩》。

兮鳳兮，何德之衰」，﹝註45﹞以及《詩經》裏所道出的「十畝之閒兮，桑者閑
閑兮，行，與子還兮。十畝之外兮，桑者泄泄兮，行，與子逝兮」﹝註 46﹞一
類的思想，就是這個時代所孕育出來的。至於說，孔孟的仁義忠恕，墨者的
兼愛尚賢，申韓的刑名法術，鄒衍的終始五德，以及公孫龍、惠施等人的堅
白同異之說，一無歷史與文化之憑藉，完全是「舊制度日即崩壞」，「思所以
革之」因而「相競相攻」之下所發生的新思想新學說，則是我們有了文化史
常識的人，所不敢說的。所以，胡先生一面反對諸子出於王官，一面又不得
不承認：「古代書冊司於官府，故教育之權柄於王官，非仕無所受書，非吏無
所得師，此或實有其書亦未可知。」在胡先生的意識裏，以爲古代學在王官
是一事，諸子之學是否出於王官又是一事。即如歐洲中世紀時的教育權柄操
於教會，而文藝復興並非淵源於教會一樣。﹝註 47﹞其實，歐洲的文藝復興也
不是突發的，它雖非淵源於歐洲天主教教會，但却淵源於東羅馬帝國的東正
教文明，換言之，它也是有一項物質憑藉的。吾國情形亦不例外，既云學在
王官，目不得不承認學術與王官之間實有某種程度的關係存在。﹝註48﹞

　　因學術與王官有關，而遂謂諸子出於王官者，固然失諸過偏，而謂先秦
學術皆由憂世之亂而突創，並無歷史憑藉者，亦屬失諸過激，兩說皆有可取
之處，而皆有所缺失也。

第三節　諸子出於職業說的探討

　　馮芝生在《中國哲學史補》中，對於諸子的起原，有以下的一段描述：

> 及貴族政治崩壞以後，貴族多有失勢貧窮而養不起自用之專家者，
> 於是在官之專家，乃失業散之四方，如《論語》所載『太師摯適齊，
> 亞飯干適楚，三飯繚適蔡，四飯缺適秦，鼓方叔入於河，播鼗武入
> 於漢，少師陽，擊磬襄入於海。』之類。又如上所引《左傳》《周史》
> 以《周易》干陳侯之類。貴族不能自養知識禮樂專家，於是在官之

﹝註45﹞《論語・微子篇》。
﹝註46﹞《詩・魏風・十畝之間》。
﹝註47﹞胡適之〈說儒〉，《胡適文存》四集卷一。
﹝註48﹞梁任公《漢志・諸子略考釋》云：「吾儕雖承認古代學術皆在官府，雖承認春
　　　　秋戰國間思想家學術淵源多少總蒙古代官府學派之影響。但斷不容武斷某派
　　　　爲必出於某官。最多只能如莊生所說：古之道術有在於是者某人聞其風而悅
　　　　之云爾。志所云云，實強作解事也。」

專家失業散在民間，此即所謂『官失其守』，所謂『禮失而求諸野』
也。

馮芝生將王官改成官守，意謂除天子之官外，尚有諸侯之官，並各貴族
所養之文武專家，其中文專家是為人相禮者，為儒家之所自出；而武專家是
為人打仗的，為墨者之所自出。這些專家們在封建制度崩壞以前，都是貴族
的家臣，世世代代為貴族服務，封建制度崩壞以後，便流落民間，成為自由
職業人士，仍然利用他們世襲得來的知識，為社會群眾服務，傳授其知識，
鼓吹其思想，而逐漸形成家派。在這個說法中，仍然標榜著官守，那是因為
古代學在王官一個觀念，早已根植人心，一時還擺脫不開的緣故。實際上，
它所強調的，乃世守而非世官，亦即是說，諸子之興，大都有一源遠流長之
物質憑藉，此憑藉即是世代相傳之專門職業知識與技能，至於這些知識與技
能是不是官守的，倒是次要的問題了。所以傅孟真先生在發表〈戰國子家敘
論〉這篇專文時，便索性摒棄官守而專談職業。他說：

蓋諸子之出實有一個物質的憑藉，以為此物質的憑藉即是王官者
誤，若忽略此憑藉，亦不能貫徹也。百家之說皆由於才智之士在一
個特殊的地域當一個特殊的時代憑藉一種特殊的職業而生。

此外，傅先生更將各家思想與其職業之間的關聯，作成下表：

流　別	七略所釋	今　釋
儒家者流	出於司徒之官	出於「教書匠」。
道家者流	出於史官	有出於史官者，有全不相干者。漢世「道家」本不是單元。按道家一詞，入漢始聞。
陰陽家者流	出於羲和之官	出於業文史星曆卜祝者。
法家者流	出於理官	法家非單元，出於齊秦等地之學習政典法刑者。
名家者流	出於禮官	出於諸侯朝廷中供人欣賞之辯士。
墨家者流	出於清廟之守	出於向儒者之反動，是宗教的組織。
縱橫家者流	出於行人之官	出於游說形勢者。
雜家者流	出於議官	「雜」固不成家，然漢世淮南東方卻成此一格，其源出於諸侯朝廷廣置方術殊別之士，采者不專主一家，遂成雜家矣。
小說家者流	出於稗官	出於以說故事為職業之諸侯客。

以上傅先生以地域、時代、職業三事來解釋先秦各流派的起因，而以職

業爲最重要的憑藉。強調守字而不強調官字，實在是討論諸子學起原的一大突破。以後我們不必再在周公政典的小圈子裏徘徊，可以直接投身入春秋戰國的大時代中，從這個時代中各個偉大心靈的各個不同生活層面，來研討諸子流派的起源。

第四節　從諸子的性質看其流派的起原

　　傅孟眞先生在其大作〈戰國子家叙論〉中，證成了諸子流派皆由於「才智之士在一個特殊的地域，當一個特殊的時代，憑藉一種特殊的職業而生」，因此不該受王官的限制，也不完全是時勢的因素，爲研究諸子起原說的人開鑿了一條新途徑。

　　不過，傅先生的論說也還有二處值得商討：

　　第一：因《論語》中載孔子教學生「如何治學，如何修身，如何從政」，而說儒者乃「起於魯流行於各地的教書匠」，是不確實的。戰國時代教學生治學從政的人太多了，不能說他們都是教書匠。孔子晚年確曾以聚徒講授爲業，確實是我國第一位提倡平民教育的人，〔註49〕但這僅僅是孔子個人的職業，而不是儒家者流的共同特徵。《論語》及《左傳》諸書中所看到的儒者，都以出仕爲生活最高目標，（僅有一二個人例外，如顏淵，閔子騫，所以孔子也嘆其難得）《禮記》，《墨子》、《韓非子》諸書中所載的儒者，則大多以送喪相禮爲業，〔註50〕可見儒者雖然極端重視教與學，却並非都以教學爲職志，其思想與其職業間，亦無絕對的關連。傅先生又說墨者「其一部分之職業與儒者同，其另一部分則各有其職業。」「既是一種宗教的組織，則應有以墨爲業者，而一般信徒各從其業。」在各種文獻上，我們都找不到墨者以墨爲業的資料。可見所謂「應有以墨爲業者」，只是一種猜測之詞，何況，一般信徒又都「各從其業」，則墨家者流原無一特殊的職業，以作爲其學術思想之憑藉，明矣。

　　第二：傅先生仍然主張道家中有些人是出於史官的，可是因爲「道家這個集團是到漢世才有的」，漢以前它並非一個有組織的集團，所以，道家裏頭有些人是全不與史官相干的；傅先生同時又提到獨行之士，如陳仲，史鰌，

〔註49〕參考馮芝生〈孔子在中國歷史中之地位〉，《燕京學報》2期。
〔註50〕參看本論文第二章。

許行、楊朱等，這些人思想姑置勿論，而「其人猶在若有若無之間」，則更談不上流派與職業之間的關係了。然則，先秦諸子中至少有二類人——有組織的儒墨宗派和完全沒有組織的個人思想家——是不能用傅先生的職業起原說來解釋的了，這些人的流派起原將要如何解釋呢？

原來，諸子流派的性質並不是統一的。它至少包括了三大類不同結構的集團，即：（一）組織完備的大宗派，儒家和墨家。（二）未經組織的職業性團體。（三）自然主義思想家。因為它本身的性質就是複雜而不統一的，所以但凡使用統一觀念去解釋諸子起原的假設，不管是官守說也好，職業說也好，其結果總給人一種東扶西倒，捉襟見肘的感覺，不能「放諸百家而皆準」的。

儒墨兩家是有組織，有團隊意識，兼有傳習承受的大宗派，故此他們的學術淵源當是多方面的，傅孟真先生說：「儒墨俱為傳統之學」，〔註51〕戴師靜山說：「一般人都以為儒由孔子而起，自孔子教授三千弟子，以後更蕃衍，遂蔚成了儒家，這是錯誤的，儒在孔子之前，應該已經有了。」〔註52〕此乃顛撲不易之論。但儒家除了能夠繼承殷周兩代豐富的文化遺產，顯出其思想有源遠流長的傳承之外，也有它自己獨創的一面，沈師剛伯說：「儒家講求前朝的典章制度，而又能斟酌當時情形，加以適當的損益，使其平易合理，可為朝野貴賤所均願接受。至若其仁、義、忠、恕之道，可以『列君臣父子之禮，序夫婦長幼之別』，其生聚教訓之策，更足以內裕民生而外服四夷，在先秦各派學說中，實以它為最合時宜，而且便於應用。」〔註53〕儒家思想包羅宏富，而弟子人人異端，各以其所長發揮師門學說，所以才有子思之儒，子游之儒，子張之儒等不同流派，〔註54〕甚至演變成孟荀兩家對峙之局，似這樣一個博古通今，多采多姿的大學派，其淵源當是多方面的，不能以單一的「司徒之官」或者「教書匠」來解釋它的起原。墨家在先秦的勢力足與儒者匹敵，其發展情況亦一如儒家。我們看墨子引用詩書等經典時，多與今本不同，〔註55〕若謂今本乃儒家所傳，則墨者當亦有其屬於自己的典冊遺訓，亦即有其獨立的文化傳承，所以墨家者流，也不會是單純的「清廟之守」或者

〔註51〕〈戰國子家敍論〉。
〔註52〕戴師靜山〈儒的來原推測〉，《梅園論學集》。
〔註53〕沈師剛伯〈秦漢的儒〉，《大陸雜誌》卅八卷9期。
〔註54〕見《韓非子‧顯學篇》。
〔註55〕參考羅根澤〈由墨子引經推測儒墨兩家與經書之關係〉，《古史辨》第四冊。

「替人打仗的武專家」。〔註56〕他們與儒者一樣，都是集思廣益，既有豐厚的傳承，又有獨立發明的大宗派。

陰陽家、農家、名家等本身並沒有經過組織。（參考第一節）他們原先都是些有專門技能的人士，在貴族的豢養下，分別從事曆算卜祝，教民耕作，應對辯論等工作，甚至傳徒授業，漸漸形成一股勢力，也出現了一些傑出的人才，如鄒衍、許行、惠施、公孫龍等，利用本身的職業技能，加上相當的學養，在社會上博得了很高的地位與名望。

至於那些被稱爲法家者流的政治學者，他們各人有各人的師承，如管晏申商韓非等，都各有一套治術，他們都想在實際政治上施展抱負，並不曾想到要授徒講學。這些人之所以會被後人視作一個單元的學派，完全是由於職業的關係。〔註57〕

至於楊朱、關尹、老子、莊周等這一系列的個人思想家，生活林泉，目隱無名，他們極端重視人類的自然生活，主張個人具有絕對的價值，政治和社會只是種加在人類身上的枷鎖，應該盡力掙脫，若要強言政治，亦主張垂拱無爲而天下大化。基本上，他們的思想是屬於個人的，而非社會的；獨創的，而非承襲的。因此他們與任何職業任何官守都不發生關係。過去，一般人都相信「道家」出於史官，一則因爲他們那種透徹的人情世故，深刻的人生觀，相信只有「歷紀古今成敗禍福」「知秉要執守」的史官才會有此觀念；〔註58〕二則被奉爲「道家」開山祖師的老子，據說是周室的史官。〔註59〕有此兩重關係，道家出於史官一說，遂深植人心。其實，道家思想與歷紀古今成敗禍福的績效之間，並無必然的關係，知古今成敗禍福的人，也不必以史官爲優先。在老聃之前，以深通人情世故，能夠清虛以自守聞名的是孔子的先祖正考父，〔註60〕而他並非史官。其次，關於老子這個人的問題很多他的

〔註56〕語見馮芝生《中國哲學史補・原儒墨篇》。
〔註57〕傅孟眞〈戰國子家敍論〉云：「若一切不同的政論者，大多數是學治者之言，因其國別而異趨向。……管晏商君都不會自己做書的，即申不害也未必能自己著書，這都是其國後學從事於學政治者所託的。」
〔註58〕見《漢書・藝文志》。
〔註59〕見《史記・老子韓非列傳》。
〔註60〕《左傳》昭七年傳：「孟僖子……曰，禮人之幹也，無禮無以立。吾聞將有達者曰孔丘，聖人之後也，而滅於宋。其祖弗父何，以有宋而授屬公，及正考父佐戴武宣，三命茲益共。故其鼎銘云：『一命而僂，再命而傴，三命而俯，循牆而走，亦莫敢余侮。饘於是，鬻於是，以餬余口。』其共也如是。臧孫

年代，他的生平，至今仍是懸案，說他是周室史官，並不一定可靠。退一步言，就算我們眞的承認了老子是周室的史官，那也不過是他賴以爲生的職業，與他的思想之間並無一定的關連，與整個道家思想之間，更無必然的關係。總之，被稱爲「道家者流」的個人思想家，他們都是具有高度智慧與學識的人，由於對亂世暴政感覺不滿，對傳統價值發生動搖，因而憧憬於另一種新的政治結構和新的價值觀念。所以這些人的思想起原，也是不能以職業或官守來加以解釋的。

　　以上我們分析了先秦諸子三種不同的性質，其中包括有組織嚴密的家派，職業團體，以及以自然爲宗的個人思想家等。由於性質迥異，故此這三類流派的起原亦各個不同，須要分別看待。以下即就此三類性質的區分，分別解釋「儒家」、「道家」以及「陰陽家」的起原。

紇有言曰，聖人有明德者，莫不當世，其後必有達人，今其將在孔丘乎！」

第二章　儒家思想的起原研究

第一節　論儒者的組織

　　第一章曾論及，任一家派思想的起原，與該家派的組織性質，有着密不可分的關係。故此，在論述儒家思想的起原之前，我們必先對先秦儒家的宗旨、組織、職業與生活等情形，作一個全盤徹底的瞭解，方不致陷入偏頗不周的觀察中。本章，將分點詳加闡述。

一、先秦儒家的宗旨

　　儒的來原極爲久遠，而儒的成家則始自孔子。《論語》載孔子對子夏說：「女爲君子儒，毋爲小人儒。」〔註1〕可見「當孔子時，已有很多的儒。」〔註2〕戴師靜山說：「一般人都以爲儒由孔子而起，自孔子教授三千弟子，以後更蕃衍，遂蔚成了儒家。這是錯誤的。儒在孔子以前，應該已經有了。」〔註3〕這說明儒的來原甚早，是確鑿不移的。不過，孔子是第一個從事私事教學，也是第一個創立具有倫理意義的「士」這一階級的人。所以，儒必待孔子，而後始成家。馮芝生說：「孔子是中國第一個使學術民眾化的，以教育爲職業的『教授老儒』；他開戰國講學遊說之風；他創立，至少亦發揚光大，中國之非農非工非商非官僚之士之階級。」〔註4〕原來，在孔子以前，

〔註1〕《論語・雍也篇》。
〔註2〕胡適〈說儒〉，《胡適文存》第四集卷一第5頁。
〔註3〕戴君仁〈儒的來源推測〉，《梅園論學集》第386頁。
〔註4〕馮友蘭《中國哲學史》第四章第一節。

「士」只是一個政治上的階級，是構成封建統治的基層人員，它一般具有兩種意義；一指比大夫低級的從政人員，一指武士。《書·牧誓》：「是以爲大夫卿士。」《左傳》定公元年：「若立君，則卿士大夫與守龜在。」《左傳》昭二十六年傳：「民不遷，農不移，工賈不變，士不濫，官不滔，大夫不收公利。」《左傳》哀二年傳：「克敵者，上大夫受縣，下大夫受郡，士田十萬，庶人工商遂，人臣隸圉免。」這「士」字都是指士大夫的士，其政治地位在大夫之下，庶人之上。《國語·齊語》：「士鄉十五。」韋昭注：「此士，軍士也。」《左傳》定公十一年：「士兵之。」杜預集解：「以兵擊萊人。」都是指武士而言。士字的本義，是男子的泛稱。《詩·鄭風·女曰雞鳴》：「女曰雞鳴，士曰昧旦。」《詩·衛風·氓》：「于嗟女兮，無與士耽，士之耽兮，猶可說也，女之耽兮，不可說也。」《詩·鄭風·溱洧》：「維士與女，伊其將謔。」《左傳》昭公十二年：「南蒯之將叛也，……鄉人或歌之曰：『……已乎，已乎，非吾黨之士乎！』」這些地方所用的「士」字，都是泛指一般的男子。士字甲骨文作⊥，屈師翼鵬說：「⊥當是牡牝等字偏旁所從之⊥，……士人之士，初義殆爲男性之人，義與牡牝當實一致也。」〔註5〕說士的初義是男性之人，自是的解。古代行政與作戰，都是男子的事，而且最能表現男子的專長，代表男性的氣慨。所以，士字又可作爲有行政才幹，有作戰能力的人的尊稱。如書多士所說：「爾殷多士。」《詩·文王》：「濟濟多士，文王以寧。」《論語·微子》：「周有八士。」皆其例證。《說文》：「士，事也。」段玉裁注云：「〈豳風〉〈周頌〉凡三見，〈大雅〉：『武王豈不仕』傳亦云仕事也。鄭注表記申之曰：『仕之言事也，士事叠韻，引申之，凡能事其事者稱士。』《白虎通》曰：『士者事也，任事之稱也。』」可以代表古代「士」字意義的一般解釋。

但孔子及其弟子心目中的「士」，却具有與此迥不同的意義。茲將《論語》中論士的代表性言詞鈔錄於後：

一、子曰：「士志於道，而恥惡衣惡食者，未足與議也。」（〈里仁篇〉）

二、士而懷居，不足以爲士矣。（〈憲問篇〉）

三、志士仁人，無求生以害仁，有殺身以成仁。（〈衛靈公篇〉）

四、子貢問：『何如斯可謂之士矣？』子曰：『行己有恥，使於四方，不辱君命，可謂士矣。』曰：『敢問其次？』曰：『宗族稱孝焉，鄉黨

〔註5〕屈萬里〈殷墟文字甲編考釋〉第44頁3507片釋文。

　　　　稱悌焉。』曰：『敢問其次？』曰：『言必信，行必果，硜硜然小人
　　　　哉，抑亦可以爲次矣。』（〈子路篇〉）

五、子路問：『何如斯可謂之士矣？』子曰：『切切偲偲，怡怡如也，可
　　　謂士矣。朋友切切偲偲，兄弟怡怡。』（〈子路篇〉）

六、曾子曰：「士不可以不弘毅，任重而道遠；仁以爲己任，不亦重乎？
　　　死而後已，不亦遠乎？」（〈泰伯篇〉）

七、子張曰：「士見危致命，見得思義，祭思敬，喪思哀，其可已矣。」
　　　（〈子張篇〉）

《論語》中論士的地方還有許多，但這七條已足夠說明孔門所賦予「士」的
新意義了。孔子所謂士，並不重視其政治地位，而特別強調道德與學問上的
修養，也即是說，「士」不再是一個純粹爲貴族服務的階級，而是一個具有完
整人格的，獨立的「成人」。馮芝生說：

　　　但孔子則是教育家，他講學目的，在於養成人，養成爲國家服務
　　　之人，並不在於養成某一家的學者。〔註6〕

張師亨說：

　　　孔子所以成其大，成其聖，却在他不專執於一偏，他嚮往的是道德
　　　人格的升進，而不是某一家派，某一系統學說的建立。後世稱讚孔
　　　子爲一政治家、教育家、甚至哲學家，都不足以盡孔子。〔註7〕

他們都說孔子教學的最終目的，是要成就一個人的人格，也就是要養成「篤
信好學，死守善道」的「士」。在政治上軌道的時候，「士」必須竭盡所能地
爲國家服務，以其高尚的道德與弘博的學問，來發揮其政治上的抱負。相反，
當政治黑暗，道德淪亡之際，貴族權臣莫不張其爪牙，殘民以自肥，作爲一
個「士」，他們低賤的地位，不足以對抗君主的權勢，他們渺小的力量，更無
法改變歷史的運會，這時候他們所能做的一件事，就是行己有恥。

　　從政是孔子畢生最大的願望，也是他付託給自己的最高責任，他曾經說
過：「吾豈匏瓜也哉？焉能繫而不食！」〔註8〕又說：「如有用我者，吾其爲東
周乎！」〔註9〕有些人將此解釋成孔子熱衷於名利，這就太不瞭解孔子的襟抱

〔註6〕馮友蘭《中國哲學史》第四章第一節。
〔註7〕張亨〈孔門論學〉，《孔孟月刊》第三卷第3期。
〔註8〕《論語・陽貨篇》。
〔註9〕《論語・陽貨篇》。

了；孔子從政的目的絕不是為追求利祿，有人問他：「子奚不為政？」孔子回答說：「《書》云：孝乎，惟孝友于兄弟，施於有政，是亦為政，奚其為為政。」〔註10〕可以說明，孔子之所以棲棲遑遑地到處發表政見，完全是一種「不忍人之心」的作用，是「仁以為己任」的崇高道德心的催促，拯生民於水火，致君於堯舜，這種歷史的責任，除了他之外，還有誰負擔得起呢？所以我們在《論語》裏，經常可以讀到孔子這一類悲壯的話語。如：

> 子曰：「天生德於予，桓魋其如予何？」（〈述而〉）

> 子畏於匡，曰：「文王既沒，文不在茲乎？天之將喪斯文也，後死者
> 不得與於斯文也；天之未喪斯文也，匡人其如予何？」（〈子罕〉）

> 子曰：「鳳鳥不至，河不出圖，吾已矣夫！」（〈子罕〉）

孔子不但將「為政」看作自己的最高抱負與責任，也以此期盼於其門徒，《論語・子路篇》說：

> 樊遲請學稼，子曰：「吾不如老農。」請學為圃，曰：「吾不如老圃。」
> 樊遲出，子曰：「小人哉，樊須也。上好禮，則民莫敢不敬；上好義，
> 則民莫敢不服；上好信，則民莫敢不用情。夫如是，則四方之民襁
> 負其子而至矣，焉用稼？」

我們切莫誤會了孔子，以為孔子真是個四體不勤，五穀不分的人；我們要明白，孔子之所以說樊遲是小人，是樊遲含混了君子小人的分野。「小人喻於利」，只圖溫飽自己，故學圃學稼足矣；「君子喻於義」，有不能逃避的國家大任在，庶民都在引頸仰盼其領導，又怎麼能夠不事禮義而只學稼圃呢？所以《論語》中又記載著孔子的另一段話說：「子曰：『君子謀道不謀食。耕也，餒在其中矣；學也，祿在其中矣；君子憂道不憂貧。』」〔註11〕把這兩段話合起來看，我們便不難瞭解孔子教弟子從政的心情與目的了。

孔子為政，是以倫理為基礎的，他只留意政治的大原則，這大原則便是正名和德化。所謂「正名」，就是「君君臣臣父父子子」，〔註12〕各階層的人都有一套適用自己的禮法和倫理規範，只要堅守著這些信條，「素其位而行」，則君義臣忠，父慈子孝，各安本分，不相僭越，國家還有不治的麼？但是這些忠恕的大道理，「喻於義」的君子固然能夠懂得；「喻於利」的小人，

〔註10〕《論語・為政篇》。
〔註11〕《論語・衛靈公篇》。
〔註12〕《論語・顏淵篇》。

又怎麼辦呢？那也沒關係，因為孔子相信沒有知識的人是最聽話，最容易帶領的，所謂「民可使由之，不可使知之」，〔註13〕「堯舜率天下以仁，而民從之；桀紂率天下以暴，而民從之。」〔註14〕所以政就是正，「子率以正，孰敢不正？」「子欲善而民善矣。君子之德風，小人之德草，草上之風必偃。」〔註15〕平民百姓的行為，取決於君上的領導，君上能以其仁心仁德施行仁政，則天下沒有不太平的道理。「士」的責任，在有機會執政時固須「居之無倦，行之以忠」，〔註16〕尤須能實行「正名」，使民信之，然後禮樂興，刑罰中矣。當權臣執命，四國無政之際，「士」在政治上不能實施其抱負，若強行出仕，勢必要在亂臣賊子的控制下。拋棄自己的責任，違背自己的操守。這乃是孔子最不能容忍的事。他曾說：「飯疏食飲水，曲肱而枕之，樂亦在其中矣。不義而富且貴，於我如浮雲。」〔註17〕作為一個「士」，最主要的一件事，莫過於「行己有恥」。有恥然後有守，有守然後有得，如此，方能完成現實中的真我，達成理想的人格。總之，孔子的宗旨，就是要在日常之中，建立一個道德性的人格，人格是政治的根本，政治是人格的發揮，若捨本逐末，則不足以為士。所以當冉求迎合魯國的權臣季氏之意而為之聚斂的時候，孔子馬上聲言：「非吾徒也，小子鳴鼓而攻之可也。」〔註18〕當弟子們因為受不住富貴的誘惑與窮困的煎熬，而紛紛在亂邦出仕，以博取利祿時，孔子便感嘆著說：「三年學，不志於穀，不易得也。」〔註19〕又說：「天下無行，多為家臣，仕於都，惟季次未嘗仕。」〔註20〕孔子一生最欣賞顏淵，主要是因為顏淵在品德操守上最能符合「士」的要求，當天下無行，多為家臣之際，顏淵獨居陋巷，不改其樂〔註21〕這一份「守死善道」的精神意志，的確不是子貢等人所能比擬的。

　　「士」的責任和信念已如前述，「士」的修養又是怎樣形成的呢？簡單點

〔註13〕《論語・泰伯篇》。

〔註14〕《大學・朱子章句》第九章。

〔註15〕《論語・顏淵篇》。

〔註16〕同上。

〔註17〕《論語・述而篇》。

〔註18〕《論語・先進篇》。

〔註19〕《論語・泰伯篇》。

〔註20〕《史記・仲尼弟子列傳》。

〔註21〕《論語・雍也篇》：「子曰：『賢哉回也，一簞食一瓢飲，在陋巷，人不堪其憂，回也不改其樂。賢哉回也』」

說，是「學」來的。孔子自己說：「君子謀道不謀食，耕也，餒在其中矣；學也，祿在其中矣；君子憂道不憂貧。」〔註22〕將「學」與「道」相提並論，可見「道」是要經過「學」才能得著的。子夏說：「百工居肆以成事，君子學以致其道。」又說：「學而優則仕，仕而優則學。」〔註23〕更明白地道出了「士」與「學」的關係。

《論語》中提到「學」的地方總共有六十餘處，歷代學者對此多有不同解釋，到底，孔子所謂的「學」的意義如何？最好還是從《論語》中去尋找答案。《論語》中的「學」，似乎有四種對象：

（一）學做人

子夏曰：「賢賢易色，事父母能竭其力，事君能致其身，與朋友交，言而有信，雖曰未學，吾必謂之學矣。」（〈學而〉）

子曰：「君子食無求飽，居無求安，敏於事而慎於言，就有道而正焉，可謂好學也已。」（〈學而〉）

子曰：「吾十有五而志於學，三十而立，四十而不惑，五十而知天命，六十而耳順，七十而從心所欲，不踰矩。」（〈爲政〉）

子曰：「十室之邑，必有忠信如丘者焉，不如丘之好學也。」（〈公冶長〉）

哀公問弟子孰爲好學，孔子對曰：「有顏回者好學，不遷怒，不貳過，不幸短命死矣。今也則亡，未聞好學者也。」（〈雍也〉）

子曰：「德之不修，學之不講，聞義不能徙，不善不能改，是吾憂也。」（〈述而〉）

（二）學　文

子曰：「弟子入則孝，出則弟，謹而信，汎愛眾，而親仁，行有餘力，則以學文。」（〈學而〉）

子曰：「君子博學於文，約之以禮，亦可以弗畔矣夫！」（〈雍也〉）

學詩乎……學禮乎？（〈季氏〉）

子曰：「小子何莫學乎詩？」（〈陽貨〉）

〔註22〕《論語·衛靈公篇》。
〔註23〕《論語·子張篇》。

（三）學從政

子張學干祿。（〈爲政〉）

（公西赤）曰：「非曰能之，願學焉。宗廟之事，如會同，端章甫，願爲小相焉。」（〈先進〉）

（四）學一般技藝

達巷黨人曰，「大哉孔子，博學而無所成名。」子聞之，謂門弟子曰：「吾何執？執御乎執射乎？吾執御矣。」（〈子罕〉）

其中（二）（三）（四）等三點可以歸納成爲學習一般的知識和生活技能，最爲世俗所重視。因此，一般人往往從這方面來表達他們對孔子的景仰。如達巷黨人說：「大哉孔子，博學而無所成名。」大宰問子貢說：「夫子聖者歟，何其多能也。」〔註24〕但孔子自己所重視的却並不在這些技藝上。他曾對子貢說：「賜也！汝以予爲多學而識之者與？」對曰：「然。非與？」曰：「非也，予一以貫之。」〔註25〕這「一以貫之」之道，是什麼呢？據曾子解釋說：「夫子之道，忠恕而已矣。」〔註26〕則孔子所最重視的，仍是德行方面的事。《論語》有關論學的記載中，學修德行的佔了大部份，這決不是偶然的。《論語・憲問篇》說：「子曰：『不怨天，不尤人，下學而上達，知我者其天乎！』」〈爲政篇〉說：「吾十有五而志於學……七十而從心所欲，不踰矩。」可見孔門所謂「學」，實際上是一種進德的歷程，是爲了要成就完美人格境界而作的一種自強不息的努力。「士」的職志在此，先秦儒家爲學的宗旨也在此。〔註27〕

二、先秦儒家的組織

《史記・孔子世家》云：

孔子以詩書禮樂教，弟子蓋三千焉，身通六藝者七十有二人。

《呂氏春秋・遇合篇》云：

孔子周流海內，如齊至衛，所見八十餘君，委質爲弟子者三千人，達徒七十人。

〔註24〕《論語・子罕篇》。
〔註25〕《論語・衛靈公篇》。
〔註26〕《論語・里仁篇》。
〔註27〕此節參考張亨〈孔門論學〉一文，見《孔孟月刊》第三卷第3期。

〈有慶篇〉:

　　孔墨之弟子徒屬，充滿天下。

《韓非子‧顯學篇》:

　　世之顯學，儒墨也。儒之所至，孔丘也。墨之所至，墨翟也。自孔
　　子之死也，有子張之儒，有子思之儒，有顏氏之儒，有孟氏之儒，
　　有漆雕氏之儒，有孫氏之儒，有樂正氏之儒。

　　自孔子抱定「有教無類」的宗旨，在平民百姓中大量招收門徒，教以詩書
禮樂，訓以文行忠信，遂在社會上造成一個「非農非工非商非官」的新士人集
團。這個集團依然沿用著儒的名稱，〔註28〕不過不再是混雜的「溝猶瞀儒」，而
是一種地位特殊的「新儒」。《論語‧雍也篇》載孔子對子夏說:「汝爲君子儒，
毋爲小人儒。」是孔子親自對儒定下了標準，以作爲一個君子所應俱備的條件，
來要求儒者。荀子對於儒者，有著更深切的反省，〈儒效篇〉說:

　　儒者法先生，隆禮義，謹乎臣子而致貴其上者也。人主用之則執在
　　本朝而宜;不用則退編百姓而愨，必爲順下矣。雖窮困凍餒，必不
　　以邪道爲貪。無置錐之地，而明於持社稷之大義。鳴呼而莫之能應，
　　然而通乎財萬物養百姓之經紀。執在人上，則王公之材也，在人下
　　則社稷之臣，國君之寶也。雖隱於閻陋屋，人莫不貴之，道誠存也。

這簡直是一篇儒者的宣言了。不但儒者自己有了宗派的意識，別人也往往將
儒者視作一個集團來加以攻擊、批評。如《墨子》有〈非儒篇〉，通篇攻擊儒
者的禮制與行爲，〈公孟篇〉亦云:「儒之道，足以喪天下者四政焉。」韓非
子中討論儒墨兩家思想與行爲的地方更多。凡此皆足以說明，自孔子之後，
有了新理想和新價值觀的儒者，在同一個主義下團結，逐漸在政治和社會上
形成了一股相當大的力量。他們散游諸侯，或爲臣宰，或友教士大夫，開私
家講學、游說致仕之風，弟子們到處宣傳的結果，「儒」便成了先秦的大宗派。

　　然而，儒家雖然是先秦第一個組成集團的家派，他們的團體意識及組織
強度卻反不如後起的墨家。墨者的生活中，只有團體，沒有個人，他們的出
處去就，須完全受領袖之控制，務求符合墨家的宗旨與目的。《墨子‧魯問篇》
說:

　　子墨子使勝綽事項子牛，項子牛三侵魯地，而勝綽三從。子墨子聞
　　之，使高孫子請而退之。

────────────

〔註28〕「儒」是一個很古舊的名辭，參看第二章第一節。

〈耕柱篇〉說：

> 子墨子使管黔游高石子於衛，衛君致祿甚厚，設之於卿。高石子三朝必盡言，而言無行者，去而之齊。見於子墨子曰：『衛君以夫子之故，致祿甚厚，設我於卿，石之朝必盡言，而言無行，是以去之也。衛君無乃以石爲狂乎？』子墨子曰：『去之苟道，受枉何傷？……』高石子曰：『石去之焉敢不道也。昔者夫子有言曰：天下無道，仁士不處厚焉。今衛君無道，而貪其祿爵，則是我爲苟陷人長也。』子墨子說。

墨者在行動上不能自專，在仕途上不能自主，在錢財上更不能自私，須處處以團體爲念，以團體的利益爲利益。〈耕柱篇〉說：

> 子墨子游荊耕柱子於楚，二三子過之，食之三升，客之不厚。二三子復於子墨子曰：「耕柱子處楚無益矣。二三子過之，食之三升，客之不厚。」子墨子曰「未可知也。」毋幾何而遺十金於子墨子，曰：「後生不敢死，有十金於此，願夫子之用也。」子墨子曰：「果未可知也。」

《呂氏春秋·上德篇》說：

> 墨者鉅子孟勝，善荊之陽城君，陽城君令守其國，毀璜以爲符，約曰，「符合聽之。」荊王薨，群臣攻吳起，兵於喪所，陽城君與焉。荊罪之，陽城君走，荊收其國。孟勝曰：「受人之國，與之有符，今不見符而力不能禁，不能死，不可！」其弟子徐弱諫孟勝曰：「死而有益陽城君，死之可矣；無益也，而絕墨者於世，不可。」孟勝曰：「不然。吾於陽城君，非師則友也，非友則臣也，不死，自今以來，求嚴師必不於墨者矣，求賢友必不於墨者矣，求良臣必不於墨者矣。死之所以行墨者之義而繼其業者也。我將屬鉅子宋之田襄子，田襄子賢者也，何患墨者之絕於世也。」徐弱曰：「若夫子之言，弱請先死以辟路。」還歿頭於孟勝前。因使二人傳鉅子於田襄子。孟勝死，弟子死之者八十三人。二人已致命於田襄子，欲反死孟勝於荊，田襄子止之曰：「孟子已傳鉅子於我矣。」不聽，遂反死之，墨者以爲不聽鉅子。

墨家不只是一個學術團體，從某些地方看來，他們更像一個有紀律、有組織行動的「幫派」。《墨子·公輸篇》說：

公輸般爲楚造雲梯之械成，將以攻宋。子墨子聞之，起於齊，行十日十夜而至於郢，見公輸般。……子墨子曰：「……公輸子之意，不過欲殺臣，殺臣，宋莫能守。然臣之弟子禽滑釐等三百人，已持臣守圉之器，在宋城上而待楚寇矣。雖殺臣不能絕也。」

《呂氏春秋‧去私篇》說：

墨者鉅子有腹䵍，居秦，其子殺人。秦惠王曰：「先生之年長矣，非有他子，寡人已令吏弗誅矣，先生以此聽寡人也。」腹䵍對曰：「墨者之法，殺人者死，傷人者刑，此所以禁殺傷人也。夫禁殺傷人者，天下大義也，王雖爲之賜而令吏弗誅，腹䵍不可不行墨者之法。」不許惠王，而遂殺之。

像墨家這種虔誠得像宗教一樣的組織，〔註29〕在先秦是獨一無二的。儒家雖然也有宗旨，有組織，有效忠團體的意識，然而他們的個人生活，却是自由而不受「幫規」的約束的，他們只要在自省不疚，心安理得的情況下，就可以自由行動。對弟子的立身行事，孔子只是盡教誨的責任，却沒有約束的規律，尤其當發生切身的問題時，弟子通常都是自作主張的。這裏舉子路與子羔的事爲例。《左傳》哀公十五年：

衛孔圉取大子蒯聵之姊，生悝。孔氏之豎渾良夫長而美，孔文子卒，通於內。大子在戚，孔姬使之焉。大子與之言曰：「苟使我入獲國，服冕乘軒，三死無與。」與之盟，爲請於伯姬。……孔伯姬杖戈而先，大子與五人介輿豭從之，迫孔悝於廁強盟之，遂劫以登臺。……季子將入，遇子羔將出，曰：「門已閉矣。」季子曰：「吾姑至焉。」子羔曰：「弗及，不踐其難。」季子曰：「食焉不辟其難！」子羔遂出，子路入。及門，公孫敢門焉，曰：「無入爲也。」季子曰：「是公孫也。求利焉而逃其難，由不然，利其祿必救其患。」有使者出，及入。曰：「大子焉用孔悝，雖殺之，必或繼之。」且曰：「大子無勇，若燔臺，半，必舍孔叔。」大子聞之懼，下石乞、盂黶敵子路。以戈擊之，斷纓。子路曰：「君子死，冠不免。」結纓而死。孔子聞衛亂，曰：「柴也其來，由也死矣。」

春秋戰國幾百年的混亂，在政治上開了一個空前的局面，同時社會及經濟各方面也都經歷了激烈的變動。往日的秩序和制度都失去了實效，思想界

〔註29〕參看馮友蘭《中國哲學史》第五、十一章。

充滿着懷疑態度和打破權威的傾向。在這種時代下，跳出傳統牢寵的有兩種極端的道德觀，其一極端重視人類的自然生活，主張個人具有絕對的價值，這派思想可以道家爲代表；其一則蔑視個人，只注重社會生活，墨家和法家主之。儒家却是中間派，他們固然十分注重社會人格，但也沒有忽略自然人性。他們要將人類自然而然的血緣親情，發揮在政治制度與社會秩序上。由於這整套系統都是以人爲本位的，所以很重視人的自由意志與天賦本能，孔子從不強制弟子執行自己所揭櫫的主義，他只是教給弟子一些做人的原則和道德，以及生命最終的目的與光輝。他要弟子能夠「自立」，能夠「成人」，而不是只成爲官僚或者信徒，所以，儒家的弟子徒屬雖然充滿天下，它却始終只是一個以修德講學爲要的學術流派，而不是一個行動團體。終先秦之世，儒者在實際政治上並無多大建樹，但在保存和發揚文化的工作上却盡了最大努力。《史記·儒林傳》：「及高皇帝誅項籍，舉兵圍魯，魯中諸儒，尚講誦習禮樂，弦歌之音不絕。」這段話最能道出儒家這一組織的特色。

三、先秦儒者的職業和生活

儒者儘管以「君子」和「士」的行爲準則來勉勵自己，儘管以「憂道不憂貧」的信念來提升自己，但儒者的生活實在是太貧苦了，使他們常常會因爲貧而忘記了道。儒者既非貴族，自然不能有賦稅的收入，他們又不肯像普通百姓一樣地務農作活，是個典型不事生產的階級。那麼這個階級的人到底靠什麼來維持生活？孔子自己說：「予少也賤，故多能鄙事。」又「嘗爲乘田矣，嘗爲委吏矣。」晚年則以教學爲業，靠著學生所送的「束脩」維持生活。他那些弟子的生活大概也跟他差不多，運氣好一點的當了貴族的家臣，差一點的則以教學維生，《史記·儒林傳》所謂：「孔子卒後，七十子之徒散遊諸侯，大者爲師傅卿相，小者友教士大夫，或隱而不見。」《韓非子》所謂：「然則爲匹夫計者，莫如脩行（仁）義而習文學，行義脩則見信，見信則受事；文學習則爲明師，爲明師則顯榮；此匹夫之美也。」〔註30〕此乃是當時的實情，觀《論語》及《左傳》等書可知。

但《墨子》書中對儒者的生活却有另外一種不同的描述：

夫繁飾禮樂以淫人，久喪僞哀以謾親，立命緩貧而高浩居，倍本棄事

〔註30〕《韓非子·五蠹篇》。

而安怠傲。貪於飲食，惰於作務，陷於飢寒，危於凍餒，無以違（避）
之。是若人氣，鼱鼠藏，而羝羊視，賁彘起。君子笑之，怒曰：「散
人焉知良儒」。夫夏乞麥禾，五穀既收，大喪是隨，子姓皆從，得厭
飲食。畢治數喪，足以至矣。因人之家翠（焠）以為□，恃人之野以
為尊。富人有喪，乃大說喜，曰：「此衣食之端也。」〔註31〕

從這種描述上，我們至少可以見到兩個要點：第一，儒者的個性都比較倨傲
不隨俗，生活都很困苦，時時遭受凍餒，却始終不變生活方式，第二，他們
由於熟習繁複的禮樂，在舉辦場面盛大的喪事時，人們必須請他們來相禮，
而儒者就從中賺取報酬，作為衣食之需。除了墨子之外，儒者為人治喪相禮
的話，還見於《禮記》：

國昭子之母死，問於子張曰：「葬及墓，男子婦人安位？」子張曰：
「司徒敬子之喪，夫子相，男子西鄉，婦人東鄉。」（〈檀弓〉）

有若之喪，悼公弔焉！子游擯，由左。（〈檀弓〉）

孔子曰：「昔者吾從老聃助葬於巷黨。」（〈曾子問〉）

此外《禮記》中記載孔門弟子討論治喪和相禮的話，還有許多。有人以為《禮
記》既是「七十子後學所記」，〔註32〕其中是非雜亂，不盡可靠，而「〈檀弓
篇〉所記舛謬殊多」，〔註33〕更不足採信。因此，《禮記》各篇中所載先秦儒
者的言行生活等，都不能當作史料。我們自然極端擁護「無徵不信」的治學
態度，主張對史料作最審慎的運用。但因〈檀弓〉和《禮記》其他篇章討論
喪葬儀節，而遂否定其在儒學發展史上的史料價值，這種觀念是有待商榷的。
儒家對喪禮的重視，《論語》已屢言之，如：

子曰：「出則事公卿，入則事父兄，喪事不敢不勉，不為酒困，何有
於我哉？」（〈子罕〉）

子曰：「居上不寬，為禮不敬，臨喪不哀，吾何以觀之哉？」（〈八佾〉）

所重民食喪祭。（〈堯曰〉）

子張曰：「士見危致命，見得思義，祭思敬，喪思哀，其可已矣。」
（〈子張〉）

〔註31〕《墨子‧非儒篇》。
〔註32〕《漢書‧藝文志》六藝略禮類班固自注。
〔註33〕崔述《洙泗考信錄》卷二。

至於相禮之事，不但儒家重視，當時列國諸侯，莫不重視。翻開《左傳》，在兩國盟聘時，擔任過相禮的，魯有叔孫穆子，齊有高原，鄭有子駟，衛有孫林父等等，都是當朝的執政大臣。而魯國的執政孟僖子，更因為自己不能相禮，「乃講學之，苟能禮者從之。」〔註34〕可見當時對於禮制儀節是很重視的。〔註35〕

　　然而在這個重視禮的時代，貴族階級的學問却是非常淺陋的，我們且看下面這兩段記述：

《左傳》宣十六年傳：

　　冬。晉侯使士會平王室，定王享之。原襄公相禮，殽蒸，武子私問其故。王聞之，居武子曰：「季氏，而弗聞乎？王享有體薦，宴有折俎，公當享，卿當宴，王室之禮也。」武子歸以講求典禮，以脩晉國之法。

《左傳》昭七年傳：

　　公如楚，鄭伯勞於師之梁，孟僖子為介，不能相儀。及楚，不能答郊勞。……及其將死也，召其大夫曰：「禮，人之幹也，無禮無以立，吾聞將有達者，曰孔丘，聖人之後也。……今將在孔丘乎？我若獲沒，必屬說與何忌於夫子，使事之而學禮焉，以定其位。」故孟懿子與南宮敬叔師事仲尼。

由於當時禮儀典章的知識仍有其客觀的需要，而一般民眾忙於耕食，貴族忙於政戰，都沒有餘暇來講究這些「文學」，因之，為詩為禮，熟習文學的儒者，〔註36〕便負起了這方面的責任，經常替貴族階級做治喪相禮的事了。這種工作在當時並不低賤，反而很受敬重，又與儒家一向提倡的「文武之道」相脗合，所以儒者都樂意為之，悉力赴之，成為從政與教學之外，儒家者流第三種重要職業。

〔註34〕《左傳》昭七年傳。

〔註35〕顧炎武《日知錄》卷十三〈周末風俗條〉云：「春秋時猶尊禮重信，而七國則絕不言禮與信矣。春秋時猶宗周王，而七國則不言王矣。春秋時猶嚴祭祀重聘享，而七國則無其事矣。春秋時猶論宗姓氏族，而七國則無一言及之矣。春秋時猶宴會賦詩，而七國則不聞矣。春秋時猶有赴告策書，而七國則無有矣。」可作參考。

〔註36〕《墨子·非儒篇》：「孔丘盛容飾以蠱世，弦歌鼓舞以聚徒，繁登降之禮以示儀，務趨翔之節以勸眾。」《淮南子·氾論訓》：「夫弦歌鼓舞以為樂，盤旋揖讓以修禮，厚葬久喪以送死，孔子之所立也。」可見儒者對於詩禮的熟習。

到了戰國中葉以後，封建制度已經整個地崩潰了，反禮學成為思想界的新潮流，〔註37〕而儒家者流仍然堅持著他們的宗旨與職業，於是就招來其他人的譏諷、抨擊，而治喪相禮的傳統事業，也就在諸家筆下被醜化了。〔註38〕

第二節　儒家學術與傳統政典的關係

一、「儒」的初義是明習術藝之士

「儒」字第一次出現，見於《論語‧雍也篇》。孔子對子夏說：「汝為君子儒，毋為小人儒。」〔註39〕這句話使我們知道，當孔子之時已有了儒這種人，而且良莠不齊，流品很雜，所以孔子才特地在「儒」上加了君子一辭，作為限制。那麼，這種有君子、有小人的儒，起初都是些什麼人呢？

〈說文〉：「儒，柔也，術士之稱。」

胡適之先生看中了「儒，柔也」一個定義，想到「儒字從需而訓柔，似非無故」，〔註40〕由此而推出了兩個大膽的假設：

（一）儒是一種穿戴古衣冠，外貌表示文弱迂緩的人。

（二）最初的儒都是殷人，都是殷的遺民，他們穿戴殷的古衣冠，習行殷的古禮。

又說：

> 儒是一個古宗教的教師，治喪相禮之外，他們還要做其他的宗教職務。……儒的職業需要博學多能，故廣義的儒，為術士的通稱。
> 〔註41〕

這個說法自然是很有問題的，馮芝生、錢賓四都曾著文反駁，〔註42〕自今日

〔註37〕羅根澤說：「禮是春秋時代一切倫理政治的準繩，至戰國則隨著封建社會的崩潰而崩潰，由是產生了儒家的擁護與他家的攻擊。」見《古史辨》第六冊〈再論老子及老子書的問題〉第五節第三點。

〔註38〕諸子中攻擊儒家最屬害最具體的，首推墨家，因墨家是主張節用節葬的。

〔註39〕周禮天官有「儒以道得民」，地官有「聯師儒」之語，但經近代學者考證，周禮當是戰國時書，不會早過《論語》。參見屈萬里《古籍導讀下編‧周禮解題》。

〔註40〕鄭玄三禮目錄：「儒之言優也柔也，其與人交接，常能優柔。」

〔註41〕胡適〈說儒〉，《胡適文存》第四集卷一。

〔註42〕馮說見〈原儒墨〉，載《清華學報》十卷2期，後收入《中國哲學史補》。錢說見〈駁胡適之說儒〉，載《東方文化》一卷1期。

看來，他們當初所討論的許多話，如：儒是不是殷的遺民之類的問題，到今日早已不成問題了。倒是儒的意義到底如何？還有必要研討一下。戴師靜山對「儒」的意義曾有很明晰的解說，他說：

> 案說文「儒，柔也」一語，只是一個聲訓，儒和柔是雙聲字。聲訓之例，在說文中甚多，大概都是普通的名詞，如「日實也」，「月闕也」，「門聞也」，「戶護也」之類。聲訓的辦法，只取訓字與被訓字某一點相合，而不必全部相同。所以儒有柔的一部分性質，而不是全體徹內徹外，表裏俱是一致的。……所以「柔也」二字，不是儒字的正式訓詁，正式訓詁，是術士之稱四個字。〔註43〕

儒是術士之稱，術士又是什麼呢？《韓非子・觀行篇》說：「有賁育之彊而無法術，不得長生。」將術字當作怪迂方士的方術、法術解，流行於漢以後。《後漢書・方術傳序》：「漢自武帝頗好方術，天下懷協道藝之士，莫不負策抵掌，順風而屆焉。」因君主的迷信與愛好，「方術」成爲追求利祿的捷徑，獻方求術之風，便在民間興起了，我們只需看《漢志・方技略》所收書卷之多，家數之雜，便不難想見其時「方術」流行的程度了。在這種迷信空氣下生活的人，日常所見所聞，自然都離不開這類「方術」，於是，「術士」一詞，便成了方士的專名。

但這只是漢以後的情形，在春秋戰國之世，「術」是一切學問技能的通稱。《莊子・天下篇》說：「天下之治方術者多矣，皆以其有爲不可加矣。古之所謂道術者，果惡乎在？曰：無乎不在。」《管子・君臣下》：「道術德行，出於賢人。」《墨子・非命下》：「今賢良之人，尊賢而好功（攻）道術。」《韓非子・難言》：「文王說，紂囚之。翼侯炙，鬼侯腊之。……此數十人者，皆世之仁賢忠良，有道術之士也。」這裏所謂「道術」，都是學問技能之稱。其中〈天下篇〉「方術」「道術」互文，意義是一樣的，《荀子・堯問篇》：「孫卿不遇，時也。德若堯禹，世少知之。方術不用，爲人所疑。」《韓非子・外儲說左上》：「知治之人不得行其方術，故國亂而主危。」《呂氏春秋・贊能篇》：「沈尹莖謂孫叔敖曰，說義以聽，方術信行，能令主人上至於王，下至於霸，我不若子也。」這所謂方術，乃治國之方法與學問。《說文》：「術，邑中道也。」則術固可訓路，與道同，道路爲人所遵行，治國之方亦爲人所遵行，是「道」「術」二字之古義，當爲方法與學問之泛稱，漢以後才成爲狹義的方士之術

〔註43〕戴君仁〈儒的來源推測〉，《梅園論學集》，頁387。

之稱。

「術」是治國之道術、方術，「術士」當即是「道術之士」的簡稱，泛指一切有學術技能的人。劉師培說：

> 古代術士之學蓋明習六藝以俟進用，⋯⋯儒家以通經爲本，故以孔
> 子爲宗，然均古代術士之遺教也。〔註44〕

劉氏謂術士爲明習六藝之士，這是對的。《列子‧周穆王篇》：「魯之君子多術藝」，《禮記‧鄉飲酒義》：「古之學術道者」，注云「術猶藝也」。《史記‧儒林傳》：「秦之季世，焚詩書，坑術士，六藝從此缺焉」，因爲坑術士，所以六藝都缺了，可見術、藝古義是相通的，術士就是嫻習六藝之士。但劉氏將六藝當作六經，以爲明習六藝就是通研六經，這卻上漢儒的當了。章太炎說：

> 周之衰，保氏失其守，史籀之書，高商之算，蠭門之射，范氏之御，
> 皆不自儒者傳。故孔子⋯⋯自詭鄙事，言君子不多能，爲當世名士
> 顯人隱諱。及〈儒行〉稱十五儒，《七略》疏晏子以下五十二家，皆
> 粗明德行政教之趣而已，未及六藝也。其科于周官爲師，儒絕而師
> 假攝其名。〔註45〕

錢賓四說：

> 《周禮‧地官‧司徒‧保氏》養國子以道，教之六藝六儀。六藝者，
> 一曰五禮，二曰六藝，三曰五射，四曰五卿，五曰六書，六曰九數。
> 禮樂射御書數六者，乃貴族之學，亦儒士進身於貴族之學也。習禮
> 樂所以爲相，習射御所以爲將，習書數所以爲宰。故曰：「三年學，
> 不志於穀，不易得」，又曰：「學也，祿在其中矣。」蓋其先儒士之
> 習六藝，皆所以進身於貴族而得穀祿也。其後又迻以稱經籍。⋯⋯
> 昔之儒者身習禮樂射御書數之六藝，至漢既不得傳，乃以儒者所傳
> 古經籍足其數，以附會於六藝焉。〔註46〕

章錢二氏之意以爲六藝當是禮樂射御書數等六種技藝，而不是六部經書，後來儒家者流，只留心政教制度，忽略了其他技藝，也就是說儒家由孔子時的「術士」變爲後來專事詩禮的「文學」之後，射御書數等已非孔門的專長，文學之儒只好宣稱六藝是六種經書，用以取代那已經不再精熟的射御書數等技藝。這

〔註44〕《左盦集》卷三釋儒，《劉申叔先生遺書》。

〔註45〕章太炎《國故論衡‧原儒篇》。

〔註46〕錢穆《先秦諸子繫年》卷二〈墨翟非姓墨，墨爲刑徒之稱考〉。

個辦法果然有效，從司馬談以後，六經與六藝便變成了同義詞。〔註47〕詩書易禮樂春秋的六藝，與《周禮・保氏》六藝，至少是同樣普遍地爲一般人所接受了。

但「普通」是後來的事，在孔子前後，「儒」所明習的「六藝」，顯然是「術藝」而不是「文學」。下面二事可以作爲證明：

（一）孔子教人不限於文學

本章第一節曾分析過，孔門所謂的「學」字，其實具有四種不同的意義，其中學做人是最重要的，而學文學、學政事、學一般技藝，其重要性只在伯仲之間。孔子說：「弟子入則孝，出則悌，謹而信，泛愛眾而親仁，行有餘力，則以學文。」〔註48〕明言行有餘力，則非爲學宗旨也可知。惟其如此，所以孔門弟子的成就殊不一致，子路「可使治賦」，冉有「可使爲宰」，公西華「可與賓客言」，〔註49〕季康子問子路、子貢、冉求，「可使從政也與？」孔子說：「由也果，賜也達，求也藝……於從政乎何有？」〔註50〕再如著名的四科十哲：「德行：顏淵、閔子騫、冉伯牛、仲弓；言語：宰我、子貢；政事：冉有、季路；文學：子游、子夏。」〔註51〕其中文學之科，只佔了五分之一，可見「文學」雖然是做「士」的基礎，卻非「士」的首要職志。

（二）六經非孔子時所有

孔子教弟子「興於詩，立於禮，成於樂」，〔註52〕又說：「學詩乎？」「學禮乎？」〔註53〕從《論語》中我們看不出，「詩書執禮」之外，儒家還有別的教本。因此，孔子時，儒者所修習的六藝，不會是六經。

其次，《詩》、《書》等本來並沒有經的稱號，儒家典籍中最早冠以「經」字的，是孝經。《呂氏春秋・察微篇》說「《孝經》云：『高而不危，所以長守貴也；滿而不溢，所以長守富也。』」可是《漢書・藝文志》將《孝經》置於

〔註47〕《史記・太史公自序》司馬談之言云：「夫儒者以六藝爲法，六藝經傳以千萬數，累世不能通其學，當年不能究其禮。」既說六藝經傳以千萬數，可知此處的六藝是指六經。
〔註48〕《論語・學而篇》。
〔註49〕《論語・公冶長篇》。
〔註50〕《論語・雍也篇》。
〔註51〕《論語・先進篇》。
〔註52〕《論語・泰伯篇》。
〔註53〕《論語・季氏篇》。

《論語》之後，小學之前，並不視之為經，可見「孝經」就是原來的書名，不是「孝」再加上「經」的尊號，如詩、書之例。此外，《莊子‧天運篇》說別墨：「俱誦《墨經》，而倍譎不同」，《荀子‧解蔽篇》曾引「道經」，這都是戰國晚年的事，在此之前，則未聽說過有「經」這個名辭。儒家將典籍稱做「經」，始於荀子，〈勸學篇〉說：

> 其數則始乎誦經，終乎讀禮。……故《書》者政事之紀也，《詩》者中聲之所止也，《禮》者法之大分，類之綱紀也，故學至乎《禮》而至矣，夫是之謂道德之極。《禮》之敬文也，《樂》之中和也，《詩》、《書》之博也，《春秋》之微也，在天地之間者畢矣。

他提出了「經」的稱號，又列舉了《禮》、《樂》、《詩》、《書》、《春秋》，可見這些書都被視為經了，可是却不見提到易，說是一時疏漏吧？下文又說：「學莫便乎近其人，《禮》、《樂》法而不說，《詩》、《書》故而不切，《春秋》約而不速。」仍然不見提到易，可見在荀子眼中，並不把「易」視作經書。

六經的名稱，不見於先秦儒家之書，却見於道家的典籍中。《莊子‧天運篇》：「丘治《詩》、《書》、《禮》、《樂》、《易》、《春秋》六經。」〈天運篇〉雖不知究竟成於何時，但肯定不會超過戰國晚葉。再由荀子不稱《易經》一點看來，「六經」絕非孔子時所能有的，所以以六經來解釋六藝，用作討論漢儒的材料，是可以的；用來討論先秦儒家，可就名不副實了。

以上說明了「儒」的初義，是指有術藝的人士，這種術藝包括禮儀、政事、戰技等，應該也有文學，是當時貴族所共有的修養，故「儒」的初義是廣義的術士。其後貴族忙於作戰及治賦，沒有餘閒講究「儒」的修養，而孔子及其弟子們立意要作具有高度修養的儒，除了舊傳的術藝之外，又添了許多新思想新理論，於是由廣義的、泛稱一般知識份子的儒，變為狹義的，專指孔門弟子的儒。到了戰國晚年，戰爭及政治的形態都改變了，〔註54〕儒家所傳習的那一套術藝，已經不太切合實用了，只有「禮」和「文」，還有裝飾和教育上的價值，於是儒由「術士」而變為「文學」。《韓非子‧五蠹篇》論儒者說：

> 然則為匹夫計者，莫如脩行仁義而習文學。行義脩則見信，見信則受事；文學習則為明師，為明師則尊榮；此匹夫之美也。

《史記‧秦始皇本紀》說：

> 始皇乃大怒曰：吾前收天下書，不中用者盡去之。悉召文學方術士

〔註54〕參考齊思和〈戰國制度考〉，《燕京學報》24期。

甚眾，欲以興太平，方士欲練以求奇藥。

在方術士之上冠以文學一辭，以示有別於練求奇藥的方士，則此文學方術士與《韓非子》之文學，同是指儒者而言。《漢書‧儒林傳》：「古之儒者，博學乎六藝之文。」顏師古注：「六藝者，王教之典籍，先王所以明天道，正人倫，致治之成法也。」知自戰國晚年至秦漢這一段時間內，「儒」已由「嫻習六藝」變成專攻「王教之典籍、先王之成法」的「文學」之士了。這是「儒」字意義的第三次變化。

二、六經是傳統學問，非儒家所專有

《論語‧述而篇》說：「子所雅言，詩書執禮，皆雅言也。」《史記‧孔子世家》說：「孔子以詩書禮樂教。」綜觀先秦所有與孔子有關的文獻，不聞孔子除詩書禮樂之外，還有別的教本。四者之中，樂是沒有書籍的，禮雖有書，但大概只是些節目儀注之類，沒有「書」的內容，〔註55〕而且禮、樂所著重的，乃是具體的行為表現，是要實踐，不是要研讀的。所以，孔子教弟子所讀的書籍，只有《詩》、《書》兩種。

荀子說：「《詩》者中聲之所止也。」〔註56〕即是說詩是周王朝的雅言，是由王室的樂官蒐輯而成的。它的主要功用有三項：第一、作為修身處事的格言。第二、在外交場合引用，幫助修辭及達意。第三、在各種宴會場合中演奏，或助儀禮，或助餘興，視需要而定。〔註57〕《詩》的寫作，最早的〈周頌〉，寫於周初至西周中葉之間，〔註58〕最晚如《詩經‧曹風‧下泉》之詩，作於魯昭公卅二年之後，已屆春秋末葉，〔註59〕總共蒐集了三百零

〔註55〕《左傳》哀公三年傳：「司鐸火，火喻公宮，桓僖災。救火者皆曰：『顧府。』……子服景伯至，命宰人出禮書，以待命，命不共，有常刑。……」可見禮是有書的。《荀子‧勸學篇》：「其數則始乎誦經，終乎讀禮。」但他說的禮是「法之大分，類之綱紀」，似乎不只是指禮儀之禮，大概是包括一切典章制度在內。

〔註56〕《荀子‧勸學篇》。

〔註57〕參考顧頡剛〈詩經在春秋戰國間的地位〉及〈論詩經所錄全為樂歌〉二文，俱見《古史辨》第三冊下編。

〔註58〕屈萬里《詩經釋義‧周頌》題下云：「鄭氏詩譜謂：周頌之作，在周公攝政，成王即位之初。朱子以為亦或有康王以後詩，以詩本文核之，朱說是也。周頌多無韻，且文詞古奧，在三百篇中，當為最古之作品。」

〔註59〕〈下泉之詩〉云：「冽彼下泉，浸彼苞稂。愾我寤歎，念彼周京。……芃芃黍苗，陰雨膏之，四國有王，郇伯勞之。」〈易林蠱下歸妹下〉云：「下泉苞稂，十年無王，郇伯遇時，憂念周京。」馬瑞辰〈毛詩傳箋通釋〉云：「此詩當為

五篇詩。《書》現存今文二十九篇〔註60〕大部分爲誥命等公文，藏諸王府，即後世所謂政府檔案之類。《詩》、《書》是周代兩部最重要的文獻，當時的貴族，都必須背誦全部或一部分，以便隨時引證應對。在孔子之前，盟宴賦詩的風氣很盛，這從《左傳》、《國語》諸書中可以見到；同時，《墨子》書中引用《詩》、《書》的地方並不比《論語》、《孟子》少。〔註61〕可見在春秋至戰國初期，《詩》《書》一直被視作公有的文化財產，並非任何一家一派的私有物。

《詩》、《書》既是傳統的經典，則有人用來教導學生，乃是極其自然的事情。《國語・楚語》：

> 莊王使士亹傅太子箴，……申叔時曰：「教之《春秋》，而爲之聳善而抑惡焉，以戒其心；……教之詩，而爲道廣顯德，以耀明其志；教之禮，使知上下之則；……教之故志，使知廢興者而戒懼焉；教之訓典，使知族類，行比義焉。……」

孔子採用詩書禮樂來教導學生，只是因循舊法，沿用「儒」這個階級的傳統修養項目而略加以選擇，並不是創舉。孔子將傳統上屬於貴族知識階級的典冊用來教導平民學生，實施「有教無類」的宗旨，這才是創舉。這些學生原來並沒有政治上的地位，他們出仕的路只有一條，「學也祿在其中矣」，結果，貴族知識份子的學問越形荒疏，新的「士」爲學越精勤。又由於這些「士」的活動範圍大，〔註62〕到處聚徒講學的結果，「儒」成了他們的專用名辭，而「六經」也成了他們的專有學問。這種情形大約在戰國中葉即已形成，在此之前，儒只是所謂「經」的借閱人，並非所有權人。傅孟眞先生說：「儒墨俱爲傳統之學」，〔註63〕由儒家與經書的關係來看，這話是一點也不錯的。

曹人美晉郇躒納敬王於成周而成。其說以自春秋昭二十二年王子朝作亂，至昭三十二年城成周，爲十年無王。」

〔註60〕古文尚書爲僞作，經閻若璩《古文尚書疏證》，惠棟《古文尚書考》等力證後，已成定讞。

〔註61〕參考羅根澤〈由墨子引經推測儒墨兩家與經書之關係〉，《古史辨》第四冊上編。

〔註62〕《史記・儒林傳》敍：「自孔子卒後，七十子之徒，散游諸侯，大者爲師傅卿相，小者友教士大夫，或隱而不見，故子路居衛，子張居陳，澹臺子羽居楚，子夏居西河，子貢終於齊。如田子方、段干木、吳起、禽滑釐之屬，皆受業於子貢之倫，爲王者師。」

〔註63〕〈戰國子家敍論〉，《傅孟眞先生集》中編丙。

第三節　儒家學術與傳統制度的關係

在上一節裏，我們論證了「儒」，一方面承襲了貴族知識份子的稱號，一方面也繼承了他們的學問，而成為社會上一個新的平民知識階級。在這一節裏，我們將討論若干儒家所主張的制度，看看它們是否也有來源。我們發覺，儒家所主張的某些制度，不但在傳統上有根據，並且還可以遠溯至殷制，下面我們將分條論述。

一、三年之喪

《論語・陽貨篇》孔子對宰我說：「夫三年之喪，天下之通喪也。」《孟子・滕文公上》：「諸侯之禮，吾未之學也，雖然，吾嘗聞之矣。三年之喪，齊疏之服，飦粥之食，自天子達於庶人，三代共之。」孔子、孟子都言之鑿鑿，說三年之喪是天下之通喪，可是這個「天下之通喪」，問題卻非常多。孟子勸滕世子行三年之喪，滕國父兄百官都不願意，說：

> 吾宗國魯先君莫之行，吾先君亦莫之行也。

滕國先君不行三年之喪，還說得過去，魯國是周公之後，更是周代一切禮制最堅強的保持者，魯國的先君都沒有實行三年之喪，又如何得稱為天下之通喪呢？毛奇齡對此有所解釋，他說：

> 往讀《論語》，子張問「高宗三年不言」，夫子曰：「何必高宗，古之人皆然！」遂疑子張此問，夫子此答，其在周制，當必無此事可知。何則？子張以高宗為創見，而夫子又云：「古之人」，其非今制昭然也。及讀《周書・康王之誥》，成王崩方九日，康王遽即位，冕服出命令，誥諸侯，與三年不言絕不相同。然猶曰此天子事耳，後讀《春秋傳》，晉平初即位，即改服命官而通列國盟戒之事，始悟孟子所定三年之喪引三年不言為訓，而滕文奉行，即又曰「五月居廬，未有命戒。」皆是商以前人制，並非周制。周公所制禮，並無有此，故侃侃然曰：「周公不行，叔繡不行，悖先祖，違授受」，歷歷有詞。〔註64〕

其後傅孟真先生，胡適之先生皆受此啟示，做出三年之喪是殷代通喪的結論。傅先生：

> 《論語》上記孔子曰：「夫三年之喪，天下之通喪也。」這話怎講？

〔註64〕毛奇齡《四書賸言》卷三，此文大意又見於毛氏所著《四書改錯》卷九。

孔子之天下，大約即是齊魯宋衛，不能甚大，可以「登太山而小天下」爲證。……即三年之喪，在東國，在民間，有相當之通行性，蓋殷之遺禮，而非周之制度。〔註65〕

胡先生說：

三年之喪是「儒」的喪禮，但不是他們的創制，只是殷民族的喪禮。〔註66〕

他們舉出三年之喪的歷史淵源，指出這是殷人的制度，而爲儒家所承襲，這是對的。但若說周代根本沒有三年之喪這個制度，却是不對的。《左傳》昭十五年傳：

晉荀躒如同葬穆后。籍談爲介。既葬，除喪，以文伯（荀躒）宴，樽以魯壺。王曰：「伯氏，諸侯皆有以鎮撫王室，晉獨無有，何也？」……籍談歸，以告叔向。叔向曰：「……王一歲而有三年之喪二焉，於是乎以喪賓宴，又求彝器，樂憂甚矣。……三年之喪，雖貴遂服，禮也。王雖弗遂，宴樂以早，亦非禮也。」

叔向明明說出了三年之喪「貴遂服」是禮，不過，那個時候，大家都不太理會那古禮了。所以「王雖弗遂」也沒有太大關係，只是不要太早舉行宴樂就好了。如果三年之喪只是前朝亡國的遺制，不在周禮之中，則叔向便不應當用「禮也」、「非禮也」這種話來責備周天子。可見三年之喪是殷周相沿不絕的禮制，到了春秋時候，大家都荒廢不行了。但儒者仍然「守死善道」，堅決地主張要維持，要實行。這本來也是儒家的一貫宗旨，如果不是這樣，他們也就無法取代那舊的知識階級，而獨專「儒」的稱號了。

二、儒 服

《墨子·公孟篇》：

公孟子戴章甫，搢忽，儒服而以見子墨子，……公孟子曰：「君子必古言服，然後仁。」

《莊子·田子方篇》：

莊子見魯哀公，哀公曰：「魯多儒士，少爲先生方者。」莊子曰：「魯少儒。」哀公曰：「舉魯國而儒服，何謂少乎？」莊子曰：「周聞之，

〔註65〕傅斯年《周東封與殷遺民》。
〔註66〕胡適〈說儒〉，《胡適文存》第四集卷一。

> 儒者冠圜冠者知天時，履句履者知地形，緩佩玦者事至而斷。君子
> 有其道者，未必爲其服也；爲其服者，未必知其道也。」

《史記・叔孫通傳》：

> 叔孫通儒服，漢王憎之，迺變其服，服短衣，楚制，漢王喜。

《淮南子・要略篇》：

> 孔子修成康之道，述周公之訓，以教七十子，使服其衣冠，修其篇
> 籍，故儒者之學生焉。

以上資料明顯地告訴我們，孔門弟子的衣服都有定式，與時俗所穿的不一樣。這種服式的起原甚古，一直到漢時仍然沒有改變，成爲儒家的一大特色，也因此常受人譏諷嘲笑。這種古服到底是什麼時候開始的呢？《禮記・儒行篇》說：

> 魯哀公問於孔子曰：「夫子之服，其儒服與？」孔子對曰：「丘少居
> 魯，衣縫掖之衣，長居宋，冠章甫之冠。丘聞之也；君子之學也博，
> 其服也鄉，丘不知儒服。」

孔子說他穿的衣服是縫掖之衣，章甫之冠，這雖然未必是孔子自己說的話，總是儒者對自己服飾的描述。另外《墨子・公孟篇》也說：「公孟子戴章甫。」章甫是什麼呢？《儀禮・士冠禮》說：「章甫，殷道也。」可見儒者的服飾是承襲了殷代服裝的式樣，反過來說殷代便有了「儒服」的存在了。不過，這種殷服，到周代並沒有被廢止，它依然是周王朝禮服的一種。《論語・先進篇》記公西華之言曰：「宗廟之事，如會同，端章甫，願爲小相。」宗廟會同，自然要穿本朝法定的禮服，公西華要「端章甫、爲小相」，可見得這種服裝也是自殷周一脈相傳，而爲儒者所繼承的。

三、葬禮的儀節

《禮記・檀弓篇》：「掘中霤而浴，毀竈以綴足，及葬，毀宗躐行，出乎大門，殷道也。學者行之。」鄭玄注：「明不復有此事，……學於孔子者行之，倣殷禮。」

由以上各點，我們知道儒家學術，其來甚古，孔子說：「行夏之時，乘殷之輅，服周之冕」，實在是對儒家學術的眞實寫照。孔子自謂「夏禮吾能言之」，「殷禮吾能言之」，又說：「周監於三代，郁郁乎文哉？吾從周」，〔註67〕所謂

〔註67〕《論語・八佾篇》。

能言，所謂從周，都是由周禮上推，明夏殷周之貴族知識階級，有其一脈相承的血族文化，這一血脈，由孔子手創的「君子儒」保存了下來，孔子自信，只要「天不喪斯文」，這道血脈將永遠保持流動。「周因於殷禮，其損益可知也；殷因於夏禮，其損益可知也；其或繼周者，雖百世可知也。」〔註68〕這不是孔子沒有歷史沿革觀念，而是身為「儒學」繼承人的孔子，對血族文化的一種自信。「文武之道，布在方策」只要「斯文」不絕，「儒學」長存，則夏殷周千年不絕的燦爛文明，自然可以在以後的幾千幾萬年中，繼續發揚光大。

第四節　結　論

《說文》「儒柔也，術士之稱。」術士是指有學藝的人，是對傳統讀書人的尊稱。孔子教訓弟子說：「女為君子儒，毋為小人儒。」可見儒在孔子時早已存在了，孔子只是「儒學」的承襲人，不是創立人。孔子在《詩》、《書》之學，禮樂射御書數之藝教導弟子，這些學、藝並不是孔門弟子所專有，而是貴族知識份子的傳統教育方法。可見孔門的「儒學」，其實是承襲貴族知識階級之「儒學」而來的，而這些「儒學」還可以一直追溯到殷代！至於「儒」如何廣義的「術士之稱」演變成「祖述堯舜，憲章文武」的儒，又怎樣演變成只講「文學」的儒呢？

原來儒家雖然以從政為人的最高志業，無奈他們所學的那一套「崇四術，立四教，順先王詩書禮樂以造士」的治術，〔註69〕在禮樂崩壞，力征詐取的現實政治中，竟是毫無用處。《史記·儒林傳》說：「自孔子卒後，七十子之徒，散游諸侯，大者為師傅卿相，小者友教士大夫。」其實，七十子之徒能夠做到師傅的，據所知只有子夏一人，其餘都是家臣罷了。孔子所謂「天下無行，多為家臣，仕於都」，〔註70〕說出了當時的事實。因此儒者的主要進身之階，不是從政，而是教學和相禮，後期儒家特別熱中於提倡學制和禮制，其實是出於職業的原故，不得不然耳。

孔子之時，儒家主要學習的，除了孔子自定，而屬於孔門特有的「學做

〔註68〕同上。
〔註69〕《禮記·王制篇》。
〔註70〕《史記·仲尼弟子列傳》。

人」一節之外，餘如：詩、禮、樂、藝等，都是古代貴族知識階級所共同修習的科目。他們所用做教本的《詩》、《書》、也是傳統的典冊，公有的文化遺產。

　　春秋中葉以後，「諸侯力征」，「禮壞樂崩」，貴族對傳統的學問，越來越疏濶了，正好這時孔子抱着「有教無類」的宗旨，廣收平民子弟，教給他們以「儒」的學問，同時敦勉他們修德勵行，以「士君子」的標準為學習鵠的，以「仁」為倫理道德的最高境界，以「堯舜」為政治上的最高偶像，使這些從平民大眾中新興的「君子儒」，比舊日的「貴族儒」多了許多修養和信條，理想和抱負，成為「儒」的正宗，進一步遂得獨擅「儒」的稱號。

　　戰國中葉以後，政治制度與戰爭方式都改變了，儒家傳統的藝適應不了這個新興的時局，傳統的學則尚有教育與裝飾之功能，於是拋棄「術藝」，專講「文學」。至漢代，文學便成了儒者的代表名。而儒學發展至此，除了「師儒」外沒有第二條路可走，不得不等待宋儒來改革了。

第三章　道家思想的起原研究

第一節　道家思想與隱者

胡適之先生說：

> 秦以前沒有道家之名，「道家」只是指那戰國末年以至秦漢之間新起來的黃老之學。〔註1〕

顧頡剛說的比胡先生更徹底，他說：

> 「道家」這個名詞，我們從漢人的書裏看得慣了，以爲是先於儒家而存在的，在戰國時是儒道墨三家鼎足而立的，其實，這完全是錯覺。春秋何嘗有道家！戰國時何嘗有旗幟分明的三家！……先秦學派只有儒墨是最盛大的學派，此外是許多小派，而老聃、莊、列、關尹們便是這些小派的宗主，他們並沒有統屬的關係。
>
> 〔註2〕

在第一章裏已經論述過，除了儒墨之外，其他的學派名稱都是後起的，全是後人討論《先秦學術史》時，爲了敘述方便起見，而整理歸納出來的名稱，其情形如同唐詩中的自然派、社會派、邊塞派等分類一樣，各「派」本身並未經過組織，當然更無統屬可言。可是，沒有「道家」的名號和組織，並不

〔註 1〕 胡適《中國中古思想史長編》第四章 264 頁。
〔註 2〕 顧頡剛〈從呂氏春秋推測老子之成書年代〉第七節，《燕京大學史學年報》第 4 期。

意味著當時沒有「道家」這個實體的存在。像老聃、關尹、楊朱、莊周等這一系列的思想家，他們的思想重心容或不同，〔註3〕但他們的宗旨與精神則是一貫的，那就是貴生、無爲、與自然而然的道。所以，後人將這一系列的人歸爲一類，稱他們爲道家，並沒有錯。〔註4〕

老聃是「古之博大眞人」，〔註5〕是「自隱無名」〔註6〕的人；楊朱「全性葆眞，不以物累形」；〔註7〕莊子「獨與天地精神往來，而不敖倪於萬物。」〔註8〕顯然這些道家的中堅人物，無一不是隱者。再看《論語》中的長沮、桀溺、楚狂接輿、荷蓧丈人，以及孔子所稱的伯夷、叔齊等，這些人的思想行徑，也都具有道家的典型，而他們又都是隱者，於是一般學者便斷言：道家思想起原於隱者。

道家思想有個基本要求，就是要超越世俗的生活方式及道德價值。所以有此要求，則由於世俗之生活，未盡完善，世俗之道德，往往眞有價值者與反價值者互相混淆，如水泥相雜，轉生污濁。世俗固有此污濁性，人若執着於此污濁而又不忍接受此污濁時，惟一的出路，就是逃避，過其所謂「全性保眞」的生活，以保持自己身心之清潔。若果污濁恒存於人類社會，則道家型思想亦成一永恒之存在，在一個混亂的時局下，任何個人皆得有之，並非一定要在隱者那樣的生活中，方能發生此出世拔俗之思想。所以說，隱者只是道家思想的產物，而非其源流，要尋求道家的起原，還須從整個時代背景上着眼。〔註9〕

在太平盛世，民心務於篤實，故往往易形成具有統一力量的某種信仰，指導民眾，使之有所歸趨，如殷人的畏天敬祖，周人的禮樂，都具有這種效用。同時，社會上若能保持相當程度的安樂與秩序，「男有分，女有歸」，一

〔註3〕《呂氏春秋・不二篇》云：「老耽貴柔，孔子貴仁，墨翟貴義，關尹貴清，子列子貴虛，陳駢貴齊，陽生貴已。」《莊子・天下篇》也將老聃、關尹與莊周分列，顯示其思想各有重心，不必盡同。

〔註4〕顧頡剛說：「到了戰國後期，不必說莊列們講『道』，就是儒家的荀子也講『道』了。『道』何嘗是一個學派，乃是某一時代中通用的一個術語啊！」這話是很值得商榷，儒家講的是人道，墨家講的是義道，老莊講的是自然的道，內涵不同，未可一而論。參閱唐君毅著《中國哲學原論・原道篇》。

〔註5〕《莊子・天下篇》。

〔註6〕《史記・老子傳》。

〔註7〕《淮南子・泛論訓》。

〔註8〕《莊子・天下篇》。

〔註9〕參看唐君毅《中國哲學原論・原道篇》第七章。

般民眾都滿足於現狀時，一部分思想特別敏銳的人士，即使有懷疑與苦悶的傾向，亦往往是屬於個人的問題，引不起廣泛的注意。更由於舊思想仍有支配力，舊信仰仍可滿足多數人的要求，懷疑與苦悶得不到具體發洩對象，往往都只是片斷的、浮泛的情緒波動，浮光掠影似地一縱即逝，不足構成具體與系統的思想，因此也沒有任何學術史上的價值。《詩經》中〈十畝之間〉、〈衡門〉諸詩的作者，《論語》中長沮、桀溺、楚狂接輿、荷蓧丈人等，都是具有道家意識的人，即孔子說「道不行，乘桴浮的海」，〔註10〕以及「賢者辟世，其次辟地，其次辟色，其次辟言」，〔註11〕這種「避」的心理，也就是道家的精神意識。閔子騫拒為費宰，說：「善為我辭焉，如有復我者，則吾必在汶上矣。」〔註12〕顏淵「一簞食，一瓢飲，在陋巷，人不堪其憂，回也不改其樂。」〔註13〕這種自潔其身，不騖外物的行為，也是屬於道家型的。莊子屢稱顏淵，以為得心齋坐忘之功。〔註14〕章太炎謂莊子之學傳顏氏之儒。〔註15〕雖然全無歷史根據，但從其思想型態看來，這些話倒也不是隨便說的。然而，孔、顏諸人所處的時代，仍舊是以禮學為中心的時代，孔、顏的人格，仍舊是社會型的，他們雖曾有過些許道家型思想的傾向，也不過是一時的感慨罷了，只能視為人心固有求潔求真的情緒作用，與追求富貴榮華的心理一樣，只是人類的共同願望，並沒有什麼特殊的意義，也不必一定與後來的道家思想有關。

　　道家思想基本上是一種時代潮流，是在舊制度遭到徹底破壞，連帶使宗教、道德亦皆喪失標準，所有指引民眾的亮光完全消失之後，個人一方面得到解放，一方面却又找不到更合理的寄託之時，所興起的一種自然主義的哲學，它包含有三點特質：第一、重生貴己。第二，反政府、反束縛。第三，物我一體。這種思想，決不是生活在封建階級與禮樂昌明的時代下，所能盛行的。因此，道家思想的成型，必待封建瓦解，禮樂崩壞之後；而道家思想之成「家」，又必待老、莊、楊朱等「遊於塵垢之外」的天才出現，而後始成。前此，固只有避世遠害的生活態度，而沒有成系統的理論架構。

〔註10〕《論語・公冶長篇》。
〔註11〕《論語・憲問篇》。
〔註12〕《論語・雍也篇》。
〔註13〕《論語・雍也篇》。
〔註14〕《莊子・大宗師篇》。
〔註15〕章太炎《菿漢昌言》，《章氏叢書》。

第二節　老子與老子書的問題

一、關於道家始祖的爭論

「道家」的始祖是誰呢？如果按照傳統的古史系統來說，自然以黃帝爲最早，但黃帝這個人物，不見稱於《論語》、《墨子》、《孟子》，而屢見於戰國末年人的書中，漢人已經懷疑了，《史記‧五帝本紀》說：「學者多稱五帝，尙矣，然尙書獨載堯以來，而百家言黃帝，其文不雅馴，薦紳先生難言之。」《淮南子‧脩務訓》說：「世俗之人多尊古而賤今，故爲道者必託於神農、黃帝，而後能入說。」班固〈藝文志〉在黃帝君臣十篇下自注說：「起六國時，與老子相似也」，雜黃帝五十八篇下注：「六國時賢者所作」，黃帝泰素二十篇下注：「六國時韓諸公子所作。」則黃帝其人之有無，固不可知，而其書爲戰國時人所僞託，在漢人已知之。黃帝既不足信，論道家始祖，必於老聃、莊周、楊朱〔註16〕三人中求之。

自司馬遷載孔子適周見老子之事，〔註17〕而老子爲孔子先輩，亦爲道家始祖一說，深入人心，爲歷來學者所信奉。宋人間有致疑於老子者，然終無何影響。自汪容甫著《老子考異》，列舉三大疑問六項論證，指出著《道德經》之老子，是戰國時之太史儋。近代梁任公發表〈論老子書作於戰國之末〉一文，〔註18〕馮芝生著《中國哲學史》，將老子置於孔、墨之後，然後老子晚出之說，甚囂塵上。於是，近人遂有以莊周及楊朱爲道家之始祖，取代老子的地位。

主張莊子在老子之前，而爲道家始祖的，是錢賓四先生，《莊老通辨》說：

老子五千言，決然是戰國末期的晚出書，如此說來，道家的鼻祖，從其著書立說，確然成立一家思想系統的功績言，實該推莊周。〔註19〕

主張楊朱在老子之前的，是馮芝生，他說：

蓋楊朱之後，老莊之徒興。老莊皆繼楊朱之緒，而其思想中，却又卓然有楊朱所未發者，於是楊朱之名，遂爲老莊所掩。〔註20〕

〔註16〕近人高亨說：「楊朱之學，在周秦與儒墨相頡頑，舊說胥歸楊朱於道家，余則謂楊朱本自成一家，非道家也。」見《周秦諸子流別論六論楊朱》。載《重華月刊》第1期。

〔註17〕《史記‧孔子世家》，《史記‧老莊申韓列傳》。

〔註18〕《古史辨》第四冊下編。

〔註19〕錢穆《莊老通辨》上卷〈中國道家思想的開山大宗師——莊周〉。

〔註20〕馮友蘭《中國哲學史》第一篇第七章（一）楊朱及道家之初起。

《孟子·滕文公下》說：「聖王不作，諸侯放恣，處士橫議。楊朱墨翟之言盈天下，天下之言，不歸楊則歸墨。楊氏爲我，是無君也；墨氏兼愛，是無父也。無父無君，是禽獸也。」〈盡心上〉說：「楊子取爲我，拔一毛而利天下，不爲也。」則楊朱之學在孟子時已取得了很大的勢力，所以孟子要設法拒之。《淮南子·氾論訓》說：

> 夫弦歌鼓舞以爲樂，盤旋揖讓以修禮，厚葬久喪以送死，孔子之所
> 立也，而墨子非之。兼愛、尚賢、右鬼、非命，墨子之所立也，而
> 楊子非之。全生保眞，不以物累形，楊子之所立，而孟子非之。

這段話顯示，孔墨楊孟四家，分別是前一學說的反動。他們並不是並世之人，却是各各代表一個不同的時代。楊朱在墨子之後，孟子之前，所以他以「個人論」反對墨子的「社群論」，而被孟子的「道義論」所攻擊。他們幾家學說的關係與時代，應該是很清楚的了。〔註21〕

《史記·老莊申韓列傳》說：「莊子者，蒙人也，名周。周嘗爲漆園吏，與梁惠王、齊宣王同時。」又說：「楚威王聘莊子爲相，莊子却之。」《莊子·徐无鬼篇》：「莊子送葬，過惠施之墓，顧謂從者曰……自夫子之死也，吾無以爲質矣，吾無與言之矣。」〈至樂篇〉：「莊子妻死，惠子弔之。」〈德充符篇〉：「惠子過莊子曰：『人故無情乎……』，凡此皆可見莊子與惠施誼屬至交，施且先莊子而死。惠施當魏惠王、襄王時爲相，約卒於襄王九年。〔註22〕則莊子之年代，約歷齊宣、威、梁惠、襄，晚年及齊湣，魏昭矣。陸德明《經典釋文·序錄》引李頤曰：「莊子與湣王同時」《朱子語錄》：「問孟子與莊子同時否？曰：莊子後得幾年，然亦不爭多。」當是實情。〔註23〕

楊朱及莊周之年代既已肯定，則只要老子之時代問題得到解決，誰是道家始祖的問題亦可迎刃而解了。以下我們將討論老子的問題。

二、老子的生平和年代

在民國十一年梁任公發表〈論老子書作於戰國之末〉一文以前，歷代學

〔註21〕錢穆《先秦諸子繫年》八十〈楊朱攷〉云：「劉向《說苑》稱楊朱見梁王而論治（〈政理篇〉），《列子》書言楊朱友季梁，季梁先楊死。而季梁之死，在梁圍邯鄲後，則楊朱輩行較孟軻、惠施略同時而稍前。」《說苑》及《列子》所述雖多偽事，而此處經證明與事實相符，可作參考。
〔註22〕參考錢穆《先秦諸子繫年》一二五〈惠施卒年〉。
〔註23〕參考錢穆《先秦諸子繫年》八八〈莊周生卒攷〉。

者中雖然也有人曾經懷疑過老子與孔子的師生關係，〔註24〕但總以信奉的人佔絕大多數。最早提出孔子師老子之說的古籍計有《莊子·德充符》、〈天地〉、〈天道〉、〈天運〉、〈田子方〉、〈知北遊〉諸篇，《史記·孔子世家》及〈老莊申韓列傳〉，《呂氏春秋·當染篇》，及《禮記·曾子問篇》等。其中對後世影響最大的，是〈孔子世家〉及〈曾子問〉兩篇。因為《史記》及《禮記》一向被視為正宗的「儒書」，由儒者自己來說孔子師老子，自然要比道家的寓言更容易讓人信從，所以下文討論的也將以這二篇文章為主。〈孔子世家〉說：

> 魯南宮敬叔言魯君曰：「請與孔子適周」，魯君與之一乘車兩馬一豎
> 子，俱適周，問禮。蓋見孔子云。

崔述在《洙四考信錄》中極力攻擊這段記載，認為是道家之徒誣攀孔子之說。他的主要論據是：(一) 孔子稱述古之賢人及當時卿大夫，《論語》所載群矣。藉令孔子果嘗稱美老聃至於如是，度其門弟子必當再四言之，何以《論語》反不載一言？(二) 適周問禮之年代，閻若璩因〈曾子問〉：「昔者吾從老聃助葬於巷黨，及堩，日有食之」之語，推定為昭公廿四年，〔註25〕但昭公廿四年，孟僖子始卒，敬叔在衰絰中，不應適周。敬叔以昭公十二年生，至是，年僅十三，亦不能從孔子適周。至明年而孔子已不在魯，魯亦無君之可請矣。崔述的第二項論證是不能成立的。因為〈孔子世家〉僅將適周問禮的事繫於孔子十七歲至卅歲之間，並未指明是那一年，且世家與曾子問所載未必是一事，閻王璩始將兩者併為一談，並據以推斷問禮事在昭公廿四年。這是閻氏個人的意見，與《史記》無涉，不能因為閻氏的話不成立，而遂論斷《史記》的話亦不能成立。至於第一點，宋儒葉適已先言之：

> 且使聃果為周守藏史，嘗教孔子以故記，雖心所不然，而欲自明其
> 說，則今所著者，豈無緒言一二辨析於其間，而故為嚴居川游素隱
> 特出之語，何耶？〔註26〕

以後世所傳孔老這樣的關係，而《論語》中竟無一語提及老子，實在啟人疑竇。於是有人說，《論語·述而篇》「竊比於老彭」的老彭，即是老聃；〔註27〕

〔註24〕如韓愈《原道》，葉適《習學記言》卷十五，崔述《洙泗考信錄》等。
〔註25〕閻若璩《四書釋地續》。
〔註26〕葉適《習學記言》卷十五。
〔註27〕王夫之《四書稗疏》一：「子曰『我老彭』，按老聃亦曰太史儋，聃儋彭音蓋
相近，老彭即問禮之老子也。」又姚鼐《惜抱軒集·老子章義序》：「孔子南
之沛見老子，沛者宋地。彭城近沛，意聃當居之，故曰老彭。猶展禽稱柳下

也有人說，《論語・憲問篇》「或曰：以德報怨，何如？」這「以德報怨」之說，不就是老子的話嗎？〔註28〕其實，解釋《論語》老彭一名的，至少有五、六種不同的說法，〔註29〕都是言之成理，卻又持之無故的。《論語》本身既沒有說明，我們對於老彭這個人物，只好存疑罷了。「以德報怨」不一定是老子發明的話，觀《左傳》秦晉韓原之戰後，晉惠公被俘，後秦釋惠公，「是歲，晉又饑。秦伯又餼之粟，曰：『吾怨其君而矜其民。且吾聞唐叔之封也，箕子曰其後必大，晉其庸可冀乎？姑樹德焉以待能者。』」〔註30〕秦穆公這番言行，不正是報怨以德的典型嗎？老彭與以德報怨既都與老子無關，則《論語》中確實沒有提到老子，孔子師老子的話也就不足為憑了。

　　《史記・老莊申韓列傳》記老子的生平迷離恍惚，如云：「老子脩道德，其學以自隱無名為務。居周久之，見周之衰，迺遂去。……莫知其所終。」「蓋老子百有六十餘歲，或言二百餘歲，以其脩道而養壽也。」「自孔子死後百二十九年，而史記周太史儋見秦獻公……，或曰儋即老子，或曰非也，世莫知其然否。」看司馬遷引了幾個或曰，又加上蓋然之詞，可見，老子的生平，在當時已是異說紛紜，所以司馬遷才有無所適從之感。高亨說：「司馬遷〈老子傳〉敍事省簡，措詞猶豫。蓋其時方策淪佚，傳述闕略，無所質定，祇可傳疑，此正史遷之慎也。」〔註31〕這話正說中司馬遷的心事。

　　關於老子是不是太史儋的問題，眾說紛紜，莫衷一是。畢沅、汪中、羅根澤、傅孟真先生等都主張老子就是太史儋，〔註32〕他們的證據簡單地說共有四項：（一）聃儋音同字通。（二）老聃為周柱下史，太史儋亦周史官。（三）老子有西出關的故事，太史儋見秦獻公，亦必西出關。（四）《史記》所載老子世系，八世已至漢文帝時，而孔子十世孫始為漢惠帝博士，〔註33〕老子如為孔子先輩，

　　　　惠也，皆時人尊有道而氏之。晉穆帝名聃，字彭子。」
〔註28〕唐蘭〈老子時代新考〉第七節：「孔子多少總受過老子學說的影響，像《論語》所記……這個或人顯然是老子一派的。老子說『報怨以德。』（六十三章）和或人所說正同可證。」見《古史辨》第六冊下編。
〔註29〕參考譚戒甫〈二老研究〉，《文哲季刊》四卷4期。
〔註30〕《左傳》十五年傳。
〔註31〕高亨《史記・老子傳箋證》，《古史辨》第六冊下編。
〔註32〕畢沅說見〈老子道德經考異序〉。汪說見〈老子考異〉（《述學補遺》）。羅說見〈老子及老子書的問題〉（《古史辨》第四冊下編）。傅說見〈戰國子家敍論〉（《傅孟真先生集》中編丙）。
〔註33〕《史記・孔子世家》。

子孫傳世何以反少於孔子？若謂即太史儋，儋後於孔子百許年，則俱妥貼矣。其實前三項都不是堅強的證據，〔註34〕主要還是靠第四項來支持。〈老子傳〉說：「老子之子名宗，宗爲魏將，封於段干。」則宗或因封於段干而稱段干宗。《戰國策·魏策》有段干崇，宗崇古音相同，宗即段干崇〔註35〕曾參與秦魏華陽之戰。今案太史儋入秦在秦獻公十一年，〔註36〕而華陽之戰在秦昭襄王卅四年，〔註37〕前後相距凡一〇三年，如儋即老子，其入秦當在晚年，設此時生宗，則當華陽之戰時，宗已屆百歲餘，尚能爲將否？足見宗亦不得爲太史儋之子也。

然老子雖非太史儋，要其人亦必在孔子之後，其證有三：

（一）無論老子年壽有多高——一百六十歲或三百八十歲，〔註38〕其生子總不能不受生理限制。既然《史記》說「老子之子名宗」，我們又證明宗即是魏將段干崇，段干崇參與華陽之戰，在魏安釐王時，是戰國晚年人，則老子年代，至早不過戰國中葉。

（二）《漢書·藝文志·道家類》有蜎子十三篇，班固自注：「名淵。楚人，老子弟子。」蜎淵當即《史記》的環淵，蜎環一音之轉。《戰國策·楚策》：「楚王問於范環，寡人欲置相於秦，孰可？」其事又見於《史記·甘茂傳》：「甘茂奔齊，齊使甘茂於楚，楚懷王新與秦和婚而驩。秦使人謂楚王曰：『願送甘茂。』楚王問范蜎。」知范蜎、范環、蜎淵，環淵，都是一個人的異稱，其人既在楚懷王時，則當與莊子並世，同爲戰國時人。老子爲環淵之師，其年代自不得早於孔子。

（三）戰國初期之書，如《論語》、《墨子》、《孟子》等，皆未提及老子。至戰國晚年，然後荀子受其影響，韓非有解老喻老之篇，《呂氏春秋》等書，更奉老子爲圭臬。故從學術史的發展來看，老子起於戰國中葉之世，當是合理的解釋。

老子年代在孔子之後，而爲莊子之前輩。《莊子·養生主篇》云：「老聃死，秦失弔之。」是老子死後，莊子尚存。可說老必在莊前。又莊子每借用

〔註34〕 參考高亨《史記·老子傳箋證》。
〔註35〕 姚範援《鶡堂筆記》：「崇即宗也。」高亨《史記·老子傳箋證》：「書牧誓：『是崇是長』，《漢書·谷永傳》引作：是宗是長，即其證。」
〔註36〕 《史記·老莊申韓列傳》。
〔註37〕 《史記·六國年表》。
〔註38〕 《史記》云老子百六十歲。集解謂伯陽父即老子。

老子言行說教，此莊子所謂「重言」者，必老子之成名在莊子前，然後莊子始能借重之。凡此皆可見老子在莊子之前，且極受莊子之尊崇？陳師道說：

> 世謂孔老同時，非也。孟子闢楊墨而不及老，荀子非墨而不及楊。
>
> 莊子先六經，而墨宋次之，關老又次之，惠莊終焉。其闢楊之後，
>
> 墨荀之間乎？〔註39〕

他說老子在關楊之後，還待商榷，說在墨荀之間，應該是沒有問題了。〔註40〕

三、老子書的年代及其作者

由於老子的年代與生平成了疑問，連帶使《老子》也問題叢生。近代學者大多主張《老子》不是老子所作的，他們舉出《老子》的作者如下：

（一）黃震：老子作於隱士嫉亂世而思無事者。（《黃氏日鈔》卷五十五）

（二）崔述：道德五千言要必楊朱之徒所偽託。（《洙泗考信錄》卷一）

（三）錢賓四：老子作者大概是詹何。（《先秦諸子繫年》七二〈老子雜辨〉）

（四）馮芝生：老子是古之博大眞人老聃，老子書是戰國時老學的首領李耳所作。（《中國哲學史》第八章第一節）

（五）顧頡剛：老子非一人之言，亦非一時之作。其著作時代當在《呂氏春秋》之後，《淮南子》之前。（〈從呂氏春秋推測老子之成書年代〉）

（六）郭沫若：老子是關尹（即環淵）所記《老聃語錄》。（老聃、關尹、環淵）

（七）孫次舟：老子爲莊周之徒所揑造。（《跋古史辨》第四冊並論老子之有無）

（八）譚戒甫、羅根澤、傅孟眞先生：老聃即太史儋，《老子》書亦爲太史儋所著。（二老研究，再論老子及老子書的年代，戰國子家敘論）

這許多家的說法都能「大膽假設」，卻未能「小心求證」，正如胡適之先生所說：「至今日我還不能承認他們提出了什麼充份的證據。」〔註41〕爲免治絲益棼起見，我們最好還是先拋開諸家之說，直接求證《老子》與老子的關係。

〔註39〕陳師道《理究》，《後山集》卷二二。

〔註40〕參考張季同〈關於老子年代的一假定〉第三節，《古史辨》第四冊下編。

〔註41〕胡適〈評論近人考據老子年代的方法〉，《胡適論學近著》第一集上。

首先我們必須明白，《老子》所記載的，乃是老子這個人的思想。
《莊子‧天下篇》說：

> 老聃曰：「知其雄，守其雌，爲天下谿。知其白，守其辱，爲天下谷。」
> 人皆取先，已獨取後，曰「受天下之垢。」人皆取實，已獨取虛。
> 無藏也故有餘，巋然而有餘。其行身也徐而不費，無爲也而笑巧。
> 人皆求福，已獨曲全，曰「苟免於咎。」以深爲根，以約爲紀，曰
> 「堅者毀矣，銳者挫矣。」常寬容於物，不削於人，可謂至極。關
> 尹老聃乎？古之博大眞人哉！（按：引老子語見《老子》廿八章）

〈寓言篇〉云：

> 老子曰：「大白若辱，盛德若不足。」（見《老子》四十一章）

《韓非子‧六反篇》云：

> 老聃有言曰：「知足不辱，知止不殆，夫以殆辱之故而不求於足之外
> 者，老聃也。今以爲足民而可以治，是以民爲皆老聃也。」（按：引
> 老子語，見《老子》四十四章）

〈內儲說下六〉云：

> 其說在老聃之言「失魚」也。勢重者人主之淵也，臣者勢重之魚也，
> 魚失於淵而不可復得也，人主失其勢重於臣而不可復收也。古之人
> 難正言，故託之於魚。賞罰者利器也，君操之以制臣，臣得之以擁
> 主。故君先見所賞，則臣鬻之以爲德，君先見所罰，則臣鬻之以爲
> 威。故曰：「國之利器，不可以示人。」（見《老子》三十六章）

莊子與韓非子引用今本《老子》裏的話，都明白地說出「老聃有言」，「老子
之言」，可見《老子》一書裏所記述的，自然都是老聃的思想了。

我們在前面既已證明，老子的年代當在孔子之後，莊子之前。而在這段
期間的人，都不是自己著書的。《論語》裏記載曾子之死，《孟子》稱齊宣王、
梁襄王之諡，可見皆出於後人輯錄；〔註42〕《墨子》、《莊子》中大部分之篇
章爲後學者所作，前人亦屢言之。〔註43〕則《老子》一書，亦極有可能出於
老子後學者所爲，而非老子自著，與《論語》、《孟子》等同例。觀《老子》
書中，攻擊「尚賢」、「仁義」，似爲對墨、孟兩家學說之反動。〔註44〕主張「絕

〔註42〕參考屈萬里《古籍導讀‧論語解題》‧《古籍導讀‧孟子解題》。
〔註43〕參考章實齋《文史通義‧言公篇》。
〔註44〕張季同〈關於老子年代的一假定〉，《古史辨》第四冊下編又羅根澤〈再論老

聖棄智」,「實其腹,強其骨」,廢棄學識,注重生產,以利統治。與荀子、韓非、李斯等人的思想接近。〔註45〕又說:「師之所處,荊棘生焉,大兵之後,必有凶年。」考春秋時代的重大戰事,動用戰車最多不過八百乘,時間不過一日,不致造成《老子》書中所描述的災害。至戰國,騎射之法輸入中土,由騎兵與步卒所配合的戰爭,其規模始告擴大,〔註46〕始能符合老子的控訴。

　　綜觀以上各點,我們可以得出這樣的結論:《老子》書為老子後學者所記述,其著成時代在墨子、孟子之後,與荀子、韓非子的時代接近,並且為荀、韓兩家思想的先驅。

第三節　從黃老到老莊

　　《老子》書當著成於戰國末年,其時老子思想流行,故《莊子‧天下篇》稱述之,荀子批評之,〔註47〕韓非子解之喻之,戰國策士引用之〔註48〕顧其時,老子已與黃帝合稱,《史記‧老莊申韓列傳》:

> 申子之學,本於黃老,而主刑名。……韓非者,韓之諸公子也。喜刑名法術之學,而其歸本於黃老。

《史記‧荀卿列傳》:

> 慎到趙人,田駢、接子齊人,環淵楚人,皆學黃老道德之術。

〈樂毅列傳〉:

> 太史公曰:「樂臣公學黃帝老子,其本師號曰河上丈人,不知其所出。河上丈人教安期生,安期生教毛翕公,毛翕公教樂瑕公,樂瑕公教樂臣公,樂臣公教蓋公,蓋公教於齊高密膠西,為曹相國師。」

凡《史記》稱某某人學老子,必稱黃帝老子,從來不稱老莊。而漢初盛言黃老,如云:「竇太后好黃帝老子言,帝及太子諸竇,不得不讀黃帝老子,尊其術。」〔註49〕「參之相齊,……其治要用黃老術,故相齊九年,齊國安集。」

子及老子書的問題〉第四節,《古史辨》第六冊下編。
〔註45〕顧頡剛〈從呂氏春秋推測老子之成書年代〉第十六節。又余英時〈反智論與中國政治傳統〉第三節,載65年1月20日《聯合報》副刊。
〔註46〕齊思和〈戰國制度考〉第四節,《燕京學報》24期。
〔註47〕《荀子‧天論篇》:「老子有見於詘,無見於信。」
〔註48〕《戰國策‧齊策》顏斶云:「老子曰:『雖貴必以賤為本,雖高必以下為基。是以侯王稱孤寡不穀。』」
〔註49〕《史記‧外戚世家》。

〔註50〕諸如此類，不勝枚舉，却不見有老莊並稱者。陳澧云：

> 洪稚存云，自漢興，黃老之學盛行，文景因之以致治。至漢末，祖
> 尚玄虛，於是始變黃老而稱老莊。陳壽《三國志・魏志・王粲傳》
> 末言：嵇康好言老莊。老莊並稱，實始於此。即以注三家者而論，
> 爲老子解義者，鄰氏、傅氏、徐氏、河上公、劉向、毋兵望之、嚴
> 遵等，皆西漢以前人也，無有言及莊子者，注莊子實自晉議郎清河
> 崔譔始，而向秀、司馬彪、郭象、李頤等繼之。〔註51〕

原來，老、莊雖然都提倡尚法自然，主張清靜無爲，但這兩家思想在同中亦
復有異。《老子》書中猶注意先後、雌雄、榮辱、虛實等分別，注意「堅則毀」
「銳則挫」，而欲求其不挫不毀之術。莊子則「外生死，無終始」，「不譴是非，
以與世俗處」。〔註52〕故老子那一套以退爲進，翻雲覆雨的陰謀權術，在莊子
思想中是沒有的。老、莊固然都主張去智，但莊子所以主張去智，是由於他
認爲智是「不可知」的東西，他說：「庸詎知吾所謂知之非不知邪？庸詎知吾
所謂不知之非知邪？」〔註53〕顯然，他是純粹地從知識的立場上立論的。老
子便不同了，他說「是以聖人之治也，虛其心，實其腹，弱其志，強其骨，
恒使民無知無欲也。使夫知不敢，弗爲而已，則無不治矣。」〔註54〕又說：「爲
道者非以明民也，將以愚之也。民之難治也，以其知也。故以知知（治）邦，
邦之賊也；以不知知（治）邦，邦之德也。」〔註55〕然則老子之去智，完全
是一種愚民政策，是爲了要達到政治上的目的而運用的手段。余英時先生說：
「《老子》一書可以說是以政治思想爲主體的，和《莊子》之基本上爲一部人
生哲學的作品截然異致。」〔註56〕這話大致上是對的。《漢書・藝文志》說道
家是「君人南面之術」，其實這只能作爲對老學的評價，不應包括莊學。戰國
末年至漢初乃是遊士與政客最活躍的時代，這些人使老學與法家治術合流，
形成所謂的「黃老之學」。

　　《漢書・藝文志》載有黃帝君臣的書甚多，這些書都是戰國末期至西漢

〔註50〕《史記・曹相國世家》。
〔註51〕見陳澧《東塾讀書記》卷十二。
〔註52〕《莊子・天下篇》。
〔註53〕《莊子・齊物篇》。
〔註54〕《帛書老子・釋文》，《文物》1974 年 11 期。
〔註55〕同上。
〔註56〕余英時〈反智論與中國政治傳統〉第三節，65 年 1 月 20 日《聯合報》副刊。

初年的人所作的，可以代表當時正在流行的「黃老之學」。可惜這些書都散逸了，無法得悉其內容。可以知道的是，《老子》在政治上發生實際作用，必待與「黃帝之學」結合之後，所以戰國晚期學治術的人都學「黃老」與「刑名」之術。黃老之學曾經過一段相當長的發展時間，大約是由戰國晚年到漢初，而在文景二帝的數十年之間，爲其發展的最高峯。漢末祖尚玄虛，莊子一派的玄論興起，「黃老」中的「黃學」部分，由於缺乏哲學價值，遂被學者摒棄，而老學復與莊學合流，形成我國哲學史上最有價值的老莊哲學。

第四節　結　論

「道家」是漢代才有的名詞，它意指老聃、楊朱、莊周這一系列的自然主義者。他們的思想重點，本來各不相同；但相對儒墨的「人道」而言，他們那種「自然之道」的觀念則是相同的。所以後人將他們視作一個思想類型，名之曰「道家」。

道家思想的形成，完全是時代潮流激盪與個人心靈掙扎的結果，與隱者並沒有絕對的關係，更與史官無關。老、莊、楊諸子固然都是隱者，但他們之「隱」實在是先有了全生保眞思想的原故，而不是先當了隱者然後才生出避世自潔的思想。

道家諸子中，年輩最早的是老子，當在墨子之後，楊莊之前，但其書遲至戰國晚年才著成，因之，其思想的傳播亦較晚。孟子闢楊不闢老，荀子闢老不闢楊，當是由於孟子時老子思想尚未流行，而荀子時楊朱思想已經湮沒之故。（楊朱思想之迅速消滅，或許是由於未曾著成篇章的原故）。莊子與孟子同時，不過由於他在思想及地域上都與老子比較接近，所以他很自然地提及老子，並且借用老子的言行來說教了。

戰國晚年，由於政客遊士的努力，使老學與法家政術合流，而遠託於黃帝，形成所謂的「黃老之學」，在漢初大爲得勢。漢末至魏晉，莊子哲學興起，老學又與莊學合流，合稱「老莊」。原來的「黃帝」之學由於都是出於戰國末年以至漢初的政客術士之手，缺乏哲學價值，至此遂爲學者所摒棄。

第四章　陰陽家思想的起原研究

第一節　陰陽與五行的來歷

在說明陰陽家思想的起原之前，我們有必要先就陰陽家思想的兩大內容－陰陽與五行，作一番檢討，看看它們到底是新創的，還是有所承襲的。如果有所承襲，它的歷史又可以追溯到多久？

近代學者在討論這個問題的時候，他們的意見很明顯地分成了兩個壁壘，一派以梁任公、顧頡剛為代表，主張陰陽和五行的理論都是鄒衍所創作的。梁任公說：

> 春秋戰國以前所謂陰陽，所謂五行，其語甚希見，其義極平淡。且此二事從未嘗併為一談。諸經及孔老墨孟荀韓諸大哲皆未嘗齒及。然則造此邪說以惑世誣民者誰耶？其始蓋起於燕齊方士，而其建設之、傳播之、宜負罪者三人焉，曰鄒衍、曰董仲舒、曰劉向。〔註1〕

顧頡剛說：

> 〈非十二子〉中所罵的子思孟軻即是騶衍的誤傳，五行說當即騶衍所造。……孟子是騶人，騶衍以騶為氏，當也是騶人。《史記》言「騶衍後孟子」，或騶衍聞孟子之風而悅之，剌取其說以立自己的主張，觀其言仁義，言六親可知。不過那時的齊國人說話是很浪漫的，騶衍是齊色彩的儒家，他把儒家的仁義加上齊國的怪誕，遂成了這一

〔註1〕梁啟超〈陰陽五行說之來歷〉，《東方雜誌》廿卷十號。

個新學派。〔註2〕

另一派可以呂思勉、范文瀾爲代表，以爲陰陽五行是遠古的宗教哲學，在古代人民的生活中，佔有很大的勢力。呂思勉說：

> 夫學術必歷久而後昌。陰陽之家，太史公既以之與儒墨名法道德並列，而據梁先生所計，《漢志》載至千三百餘篇，逾總數十之一。今文家經說能脫之者十無二三。夫豈鄒衍至漢，區區一二百年間所能有？先秦學術，恐無能遺陰陽五行者，何則？百家之學，流異源同。其原惟何？古代未分家之哲學是已；而古代之哲學又原於古代之宗教也。夫其不能無迷謬之談，固然。然豈得謂遂無精深之哲理哉？
> 〔註3〕

范文瀾說：

> 陰陽與五行不是一件事。陰陽發生在前，在最野蠻的社會裏，……他們看人有男女，類而推之，有天地，日月，晝夜，人鬼等等，於是陰陽成爲解釋一切事物的原則。在易經裏可以探求不少的消息。現在的《周易》雖經後人增飾，但原始陰陽說卻也保存著。社會逐漸進步了，頭腦比較複雜了，他們裏面有智者出，另外造出一種五行說，即水火土金木五物。……我此地假設陰陽說發生在夏以前的社會裏，五行說發生在所謂夏代的社會裏。〔註4〕

其實這兩派的說法在基本上並不衝突。陰陽五行的觀念，確實是古代宗教的遺留，在初民社會中佔有很大的勢力，即下遞戰國之際，一般平民百姓仍然受著它們的支配，民間也有專門習這種術藝的人，稱爲方士。〔註5〕由於各地之民情不同，客觀環境各異，方士在燕齊兩地特別活躍。〔註6〕鄒衍齊人，受到當地文化薰陶，又受到戰國諸子遊說風氣的影響，乃「深觀陰陽消息」，〔註7〕「按往舊造說，謂之五行」，〔註8〕發展出他的主運與終始五德論。王師夢鷗說：「陰陽說和五行說，本來各有各的來歷，而把二者融合爲一，這是鄒衍的創造。」

〔註2〕 顧頡剛〈五德終始說下的政治和歷史〉，《古史辨》第五冊。
〔註3〕 呂思勉〈辨梁啓超陰陽五行說之來歷〉，《東方雜誌》廿卷廿號。
〔註4〕 范文瀾與頡剛〈論五行說的起原〉，《史學年報》3期。
〔註5〕 方士的名稱和種類極多，陰陽家也是其中一種。詳見陳槃〈戰國秦漢間方士考論〉，《史語所集刊》第十七本。
〔註6〕 參見《史記‧封禪書》。
〔註7〕 《史記‧孟荀列傳》。
〔註8〕 《荀子‧非十二子篇》。

又說：「五行說並不就是五德終始說。五德終始說可能是鄒衍的創造，但五行的觀念則別有其來歷。」〔註9〕這話是顛撲不破的。

陰陽兩字，在《詩》《書》裏出現不少，大多是指氣象與方位。〔註10〕故段注說文易字下云：「此陰陽正字也，陰陽行而会易廢矣。」朱駿聲《說文通訓定聲》易字下云：「按此即古暘字，爲会易字。会者見雲不見日也，易者雲開而見日也。」以見日與不見日釋陰陽，當是陰陽二字的初義。但當春秋時代，陰陽的意義已不限於氣象及方位了。《國語・周語上》幽王三年西周三川皆震，伯陽父曰：

> 周將亡矣。夫天地之氣，不失其序。若過其序，民亂之也。陽伏而不能出，陰迫而不能烝，於是有地震。今三川實震，是陽失其所而鎮陰也。陽失而在陰，川源必塞，源塞國必亡。

〈左僖十六年傳〉：

> 春，隕石於宋五，隕星也。六鷁退飛過宋都，風也。周内史叔興聘於宋，宋襄公問焉，曰「是何祥也？吉凶焉在？」……退而告人曰：「君失問，是陰陽之事，非吉凶所生也。吉凶由人，吾不敢逆君故也。」

伯陽父和內史叔興所說的陰陽，已不只限於氣象和方位之事，而開始帶有神秘的色彩，以爲是宇宙間兩大作用力，爲構成一切自然現象（主要是機祥）之原因。其說與《莊子》、《淮南子》等書中所說之陰陽，已極爲接近。〔註11〕《左傳》之著成時代雖不能確知，大致不晚於戰國初期，〔註12〕可見將陰陽神秘化並不創於鄒衍。《莊子・天下篇》說：「易以道陰陽。」今《易》卦爻辭中並無陰陽之觀念，但以乾坤對稱。〈說卦〉云：「乾，天也，故稱乎父。坤，地也，故稱乎母。」又說震爲雷，巽爲木、爲風，坎爲水爲月，離爲火、爲日，艮爲山，兌爲澤等等。〈說卦〉爲晚出之書，其言不足採，然坤土乾天巽風等語，見於《左傳》莊公廿二年，離火艮山，見於《左傳》昭公十五年。

〔註9〕王夢鷗《鄒衍遺說考》。

〔註10〕參考梁啓超〈陰陽五行說之來歷〉。

〔註11〕《莊子・秋水篇》：「自以比形於天地，而受氣於陰陽。」〈田子方篇〉：「至陰肅肅，至陽赫赫，肅肅出乎天，赫赫發乎地。兩者交通成和，而物生焉。」《淮南子・精神訓》：「古未有天地之時，惟像無形……有二神混生，經天營地，孔乎莫知其所終極，滔乎莫知其所止息。於是乃別爲陰陽，離爲八極，剛柔相成，萬物乃形。」

〔註12〕參考衛聚賢〈左傳之研究〉，《國學論叢》一卷1、2期，又屈萬里《古籍導讀・左傳解題》。

此外，《國語‧晉語四》，有「震車也，坎水也，坤土也。」及「坤母也，震長男也」等語，可見各卦所代表的事物，皆係承襲古說，並非戰國末年人的臆說。坤爲母，乾自然爲父。故此，「男女構精，萬物化生」〔註13〕那一套陰陽消息，也不完全是由做《易傳》的人所創作的。我們知道，遠古有所謂巨石文化，〔註14〕乃是初民對男女生殖神崇拜的表徵。生殖崇拜之事，至今仍流行於各原始民族中，爲初民一致的信仰，則由此信仰而推衍出「天地絪縕，萬物化醇」等觀念，在初民社會裏，原是極自然之事。〔註15〕所以，陰陽爲「宇宙生成之原因」一個觀念，在戰國之前早就存在了，陰陽二字在春秋時的意義，已不再像詩書中所表現的這般單純。

其次，我們來討論五行。五行最早出現於《尚書‧洪範》：〔註16〕

> 箕子乃言曰：「我聞在昔，鯀陻洪水，汩陳其五行。……一、五行：
> 一曰水，二曰火，三曰木，四曰金，五曰土。水曰潤下，火曰炎上，
> 木曰曲直，金曰從革，土爰稼穡。潤下作鹹，炎上作苦，曲直作酸，
> 從革作辛，稼穡作甘。」

這是將民生日用必需的物質區分爲五類，說明其功用及性質，與《左傳》襄廿七年「天生五材，民並用之」的五材，《國語‧魯語上》：「地之五行，所以生殖也」的五行意義相同。而《左傳》文七年傳：「水火金木土穀謂之六府」，加了一個穀，其爲民用所需，意義尤爲明顯。

〈洪範〉是戰國初期的作品，可以代表當時賢士大夫科學的五行思想，但與此同時，也有神秘的五行思想存在。《史記‧封禪書》說：

> 櫟陽雨金，秦獻公自以爲得金瑞，故作畦畤櫟陽，而祀白帝。

雨金被視爲金瑞，因得金瑞而祀白帝，可見當秦獻公之時（戰國初期），五行與五色方位之分配，已有成說。又《墨子‧貴義篇》說：

〔註13〕 《易繫辭》。

〔註14〕 參考凌純聲〈中國古代神主與陰陽性器崇拜〉，《民族學研究所集刊》第8期。

〔註15〕 胡適之先生說：「齊民族自古以來有『八神將』的崇拜，《史記‧封禪書》說的很詳細。八神將是：一天主，二地主，三兵主，四陰主，五陽主，六月主，七日主，八四時主。這個宗教本是初民拜物拜自然的迷信，稍稍加上一點組織，便成了天地日月陰陽四時兵的系統了。……拜陰主陽主，出于初民崇拜生殖的迷信。由男女而推想到天地日月，以天配地，以日配月，都成了男女夫婦的關係。再進一步，便是從男女的關係上推想出陰陽兩種勢力來。」說見《中古思想史》長編頁23至25。

〔註16〕 〈洪範〉當著成於戰國初年，參考屈萬里《尚書‧釋義洪範篇解題》。

　　子墨子北之齊，遇日者。日者曰，帝以今日殺黑龍於北方，而先生

　　之色黑，不可以北。

這豈不就是「使人拘而多所畏」〔註17〕的「陰陽家」了嗎？將墨子與封禪書兩說合觀，足見當鄒衍之前，決不是沒有「帶神秘色彩的五行觀念」了。

　　既然鄒衍以前已經有了「神秘」的五行說，為什麼那時候的名人都不加以引用呢？我覺得這可以用《左傳》裏的一段記載來說明：

　　晉人聞有楚師。師曠曰：「不害。吾驟歌北風，又歌南風，南風不競，

　　多死聲，楚必無功。」董叔曰：「天道多在西北，南師不時，必無功。」

　　叔向曰：「其在君之德也。」〔註18〕

師曠是著名的瞽史，瞽史是知天道的，所以他和董叔都以天道配合方位立說，但卻被叔向以嚴正的人文主義精神駁斥了。這種事例在先秦古書中還可以找到許多，如子產說：「天道遠，人道邇，非所及也，何以知之？」〔註19〕單襄公說：「吾非瞽史，焉知天道？」等等〔註20〕可以見出當時知識份子摒棄迷信的態度。

　　鄒衍之前，堅執「神秘」陰陽五行說的人均是巫史之輩；鄒衍以後則為燕齊海上方士，〔註21〕方士與巫史原來就是一家人，〔註22〕當封建時代為貴族服務者稱為史，其後在民間的就是方士。〔註23〕陰陽五行是這輩人的傳統知識，始於遠古，世世不絕。春秋時人文發達，貴族知識份子或者將原始的傳說「淨化」，或者完全摒棄不談。結果，原始的陰陽五行說便只有在無知識的平民階層裏流行，直到鄒衍利用這種在民間甚有勢力的宗教遺說，加以理論組織，獲得極大的成功之後，這種思想始又被知識份子接受，更進而席捲了整個思想界。

第二節　陰陽家的職業和技藝

　　《漢書・藝文志》說：

　　陰陽家者流，蓋出於羲和之官。敬順昊天，歷象日月星辰，敬授民

〔註17〕《史記・太史公自序》。
〔註18〕《左傳》襄十八年傳。
〔註19〕《左傳》昭十八年傳。
〔註20〕《國語・周語下》。
〔註21〕參考《史記・封禪書》。
〔註22〕王夢鷗《鄒衍遺說考》，頁58。
〔註23〕參考馮友蘭〈原名法陰陽道德〉，《中國哲學史補》。

時，此其所長也。及拘者爲之，則牽於禁忌，泥於小數，舍人事而

任鬼神。

這說明陰陽家的主要職責，是觀察天象，掌管曆法，因此他們的主要技藝，就是天文和曆數。王師夢鷗說：「陰陽家出自曆家，那些曆家在上古時代是否稱爲羲和之官，茲不暇考。但他們見於春秋時代的記載者，就是所謂史官。」〔註23〕要知道陰陽家是否出於史官，最好先明白天文和曆數是什麼，是不是史官的職掌？《漢志・天文家序》說：

天文者序廿八宿，步五星日月，以紀吉凶之象。聖王所以參政也。

然星事殞悍，非湛密者，弗能由也。

〈曆譜家序〉說：

曆譜者，序四時之位，正分至之節，會日月五星之辰，以考異寒暑

殺生之實。故聖王必正曆數，以定三統服色之制，又以探知五星日

月之會。凶阨之患吉隆之喜，其術皆出此焉。

所謂「步五星日月，以紀吉凶之象」，即是《史記・天官書》所說的「秦始皇之時，十五年彗星四見，久者八十日，長或竟天。其後秦遂以兵滅六王。」「項羽救鉅鹿，枉矢西流，山東遂合從，諸侯西坑秦人，誅屠咸陽。」「漢之興，五星聚于東井」等等，乃是古代流行的一套候星氣的術數。〈始皇本紀〉說：

候生盧生相與謀曰，秦法不得兼方，不驗輒死。然候星氣者至三百

人，皆良士，畏忌諱諛，不敢端言其過。

爲秦始皇候星氣者多至三百人，可見這種技術在當時是很受重視的。所謂「曆數」「曆譜」又是什麼呢？《國語・晉語四・記舅犯之言》說：

吾聞晉之始封也，歲在大火，閼伯之星也，實紀商人。商人饗國三

十一王，瞽史之紀曰：「唐叔之世，將如商數。」今未半也。

大概最早的曆譜之學就是那些知天道的瞽史，根據星象及其他自然物而推算出來的歷史宿命論。《孟子・公孫丑篇》說：

孟子曰：「彼一時也，此一時也。五百年必有王者興，其間必有名世

者。由周以來，七百有餘歲矣，以其數則過矣，以其時考之則可矣。

夫天未欲平治天下也，如欲平治天下，當今之世，舍我其誰也！」

〈盡心篇〉說：

孟子曰：「由堯舜至於湯五百有餘歲，……由湯至於文王五百有餘

〔註23〕參考馮友蘭〈原名法陰陽道德〉，《中國哲學史補》。

歲，……由文王至於孔子五百有餘歲，……由孔子而來至於今百有
餘歲。去聖人之世，若此其未遠也，近聖人之居，若此其甚也。然
而無有乎爾，則亦無有乎爾。」

照孟子的話看來，「五百年必有王者興」的思想，只是孟子所信奉的古說，而
非孟子的新創，而此五百年云云，不也就是「瞽史之紀」一流的話嗎，其後
鄒衍「因而推之」，「稱引天地剖判以來，五德轉移，治各有宜，而符應若茲。」
〔註24〕其實也還是以原始的天文曆數爲基礎，加以系統的排比與理論，而成
其一家之言的。原始的天文曆數，自然離不開機祥。太史公說：

> 星氣之書，多雜機祥，不經。〔註25〕

〈天官書〉又說：

> 幽厲以往尚矣。所見天變，皆國殊窟穴，家占物怪，以合時應。其
> 文圖籍機祥不法。

知道這種原始的天文曆數，與原始的巫術一樣，一方面包括種種的魔術與迷
信，另一方面却又涵具若干眞正的科學知識。

古代一般沒有知識的民眾，自然不會知道知識與迷信的分野，所以這一
類的術藝，流行民間，與其他一切方技相連，養成了各類不同的方士。就貴
族知識份子而言，他們很早就能夠分別天道與人文的觀念了。〔註26〕屬於天
道的職務，由專人執掌，這種人就是史。《史記·太史公自序》說：「太史公
學天官於唐都，受易於楊何，習道論於黃子。……太史公既掌天官，不治民。」，
可爲明證。古代史官的職掌、地位都與巫祝接近，所以巫史、祝史經常合稱，
〔註27〕司馬遷自述家世說：「文史星曆，近乎卜祝之間」，乃是實情。〔註28〕
勞貞一先生說：

> 古代祭司，應當是三種人掌管的，即是巫祝和史，但依理說是統於
> 太史的。巫祝兩字並見於甲骨文，巫象在神幄中奉玉之形，祝象在
> 祭梓前跪拜之形，史象鑽龜之形。〔註29〕

〔註24〕《史記·孟荀列傳》。
〔註25〕《史記·太史公自序》。
〔註26〕參考《尚書·周誥》各篇。
〔註27〕《國語·楚語下》：「夫人作享，家爲巫史。」周易巽卦「用史巫紛若。」《禮
記·禮運》：「祝嘏辭說，藏於宗祝巫史，非禮也。」〈左昭廿年傳〉：「其祝史
祭祀，陳情不愧；其家事無猜，其宗卜史。」
〔註28〕司馬遷〈報任安書〉。
〔註29〕勞幹〈古代思想與宗教的一個方面〉，《學原》一卷10期。

所述史與巫祝的關係，非常明確。官府有巫，民間也有巫；官府有史，民間遂有方士。史與方士的知識程度應該有深淺之別，但他們學習傳統的天文曆術等技術，吸取陰陽五行等宗教觀念，「念用庶徵」，教人「趨吉避凶」的職能則是一樣的。後來鄒衍一派人起來，利用這些遠古相傳的術數，發展出自己的學說。我們實在不必堅持說鄒衍之學一定是出自史官，或者出自方士，這種爭論是不會有結果的。我們只須認明，史與方士是兩種名位各異，但性質相同的職業。陰陽家從這個職業團體中發展出來，故其思想恒與一切民間方技術數之學有關，又與一切知識份子之傳統思想有關。此所以陰陽家之思想，在先秦各家中最爲駁雜，而其生徒，又經常與其他各家混雜也。

第三節　鄒衍及陰陽之成「家」

巫史之學到了春秋中葉以後，被士大夫視爲渺遠而不可測的天道，〔註30〕「敬而遠之」，逐漸失去了在思想界的地位，所以那段期間著名的學者，如子產、孔子等，都以「天道遠，人道邇」〔註31〕、「未知生，焉知死」〔註32〕等人文精神作爲理由，絕口不談這類怪力亂神的東西。墨子雖然主張天志、明鬼，但僅是藉著天、鬼的權威來制裁民眾的行爲，認爲天是一個有道德意志的主宰，嘗善罰惡，勸人行兼愛之道，〔註33〕並不主張那些「使人拘而多所畏」的迷信。下面這段記載是最有力的證據：

> 日者曰：「帝以今日殺黑龍於北方，而先生之色黑，不可以北。」……
> 子墨子曰：「南之人不得北，北之人不得南，其色有黑者有白者，何
> 故皆不遂也。且帝以甲乙殺青龍於東方，以丙丁殺赤龍於南方，以
> 庚辛殺白龍於西方，以壬癸殺黑龍於北方。若用子之言，則是禁天
> 下之行者也。是圍心而虛天下也。子之言不可用也。」〔註34〕

由於知識份子對「天道」的摒斥態度，使陰陽五行的思想，僅能在民間流行，所以在《詩》、《書》、《論》、《孟》等專講傳統之學的書中，完全找不

〔註30〕《國語·周語下》：「魯侯曰：『寡人懼不免於晉，今君曰將有亂，敢問天道乎？抑人故也？』（單襄公）對曰『吾非瞽史，焉知天道！』」
〔註31〕《左傳》昭公十八年。
〔註32〕《論語·先進篇》。
〔註33〕參考《墨子·天志》、〈明鬼篇〉及勞思光《中國哲學史》第五章第二節。
〔註34〕《墨子·貴義篇》。

到這類怪迂思想的痕跡。〔註35〕直到戰國中期，鄒衍才以雷霆萬鈞之勢，再次掀起了陰陽五行的狂瀾。《史記‧孟荀列傳》說：

> 鄒衍睹有國者益淫侈，不能尚德，若大雅整之於身，施及黎庶矣。乃深觀陰陽消息，而作怪迂之變，終始大聖之篇十餘萬言。其語閎大不經，必先驗小物，推而大之，至於無垠。……稱引天地剖判以來，五德轉移，治各有宜，而符應若茲。……其術皆此類也。然其要歸，必止乎仁義節儉，君臣上下，六親之施，始也濫耳。王侯大人，初見其術，懼然顧化。其後不能行之。

我們必須注意這段話裏「深觀陰陽消息」的深觀兩字，這等於我們今天說「進一步研究」之意，既說進一步，便必有初步。《荀子‧非十二子篇》說：「案往舊造說，謂之五行」，也說明了五行之說是前有所承的。鄒衍著作的兩部書，《終始》五十六篇十餘萬言，〔註36〕《主運》四十九篇，〔註37〕其內容必極繁雜。但這裏面有那些是採取巫史方士遺說，那些出自創作，恐怕司馬遷當時已經不能知道了。無論如何，我們說陰陽五行是「個人思想與集體思想的混合物」，大概是不會有問題的。

　　鄒衍雖然不是陰陽五行思想的始創者，但陰陽五行之成「家」，則始於鄒衍。前面說過，春秋時代天道思想已經衰落，在學術界可說是一點地位都沒有。至鄒衍稱引終始五德，然後「王公大人，懼然顧化」，而「燕齊海上之方士，傳其術不能通」，然後「怪迂阿諛之徒自此興，不可勝數也。」〔註38〕與陰陽五行以系統的理論和歷史的根據，使陰陽五行說為知識份子所接受而成為先秦學術之一「家」，完全是鄒衍的功勞。

　　至於鄒衍的學說，現在只留下一麟半爪，除了《史記‧孟荀列傳》中所記載的之外，劉向《七略》中也引了一段：

> 鄒子有終始五德，從所不勝，土德後木德繼之，金德次之，火德次之，水德次之。〔註39〕

〔註35〕《書》經中〈洪範〉與〈甘誓〉兩篇都言及五行。但〈洪範〉五行僅指五類物質原素，前文已有說明。〈甘誓〉的寫作時代，不能確定，或謂在鄒衍之後。參考屈萬里《尚書釋義‧甘誓解題》。

〔註36〕《史記‧孟荀列傳》：「終始大聖之篇十餘萬言」。《漢志》「鄒子終始五十六篇」，實即一書。

〔註37〕參考錢穆〈鄒衍著書考〉，《先秦諸子繫年》第一四四。

〔註38〕《史記‧封禪書》。

〔註39〕見文選〈魏都賦〉注所引。

這個「土木金火水」的五行相勝系統，似乎是鄒衍所創立的。〔註40〕另外《史記集解》裏也有一段關於主運的資料：

> 今其書有主運，五行相次轉用事，隨方面爲服。〔註41〕

從書名「主運」及「五行相次轉用事」一語看來，似乎「主運」的用意，是在說明歷代君主在五行中所據的德，五德、五行相應，五行以次循環，以次用事，終而復始，五德亦然。這種思想可以在《呂氏春秋・應同篇》中見到。文云：

> 凡帝王者之將興也，天必先見祥乎下民。
>
> 黃帝之時，天先見大螾大螻。黃帝曰「土氣勝。」土氣勝，故其色尚黃，其事則土。
>
> 及禹之時，天先見草木秋冬不殺。禹曰「木氣勝」。木氣勝，故其色尚青，其事則木。
>
> 及湯之時，天先見金，刃生於水。湯曰「金氣勝。」金氣勝，故其色尚白，其事則金。
>
> 及文王之時，天先見火，赤鳥銜丹書集於周社。文王曰「火氣勝。」火氣勝，故其色尚赤，其事則火。

這段話與《史記》所記：「先序今以上至黃帝，學者所共術，大竝世盛衰。因載其機祥度制，推而遠之，至天地未生，窈冥不可考而原也。」〔註42〕以及劉向《七略》所說：「五德從所不勝，土德後木德繼之。」二段相呼應，相信就是鄒衍的遺說。

由於鄒衍這套理論既有傳統的天文曆數，機祥災異爲其根基，又有眾多的民間方士爲其助威，在戰國中後期人心浮動思變的時候，這種順天應時之道，自然容易使人接受。我們看在鄒衍之後著成的《呂氏春秋》，已染上了濃厚的陰陽五行色彩，可見鄒衍在當時的影響力，是相當大的。秦始皇稱帝之後，便採用了這套理論，「推終始五德之傳，以爲周得火德，秦代周，德從所不勝。方今水德之始，故年始朝賀，皆自十月朔。衣服旄旌節旗皆上黑。數以六爲紀，符法冠皆六寸，而輿六尺，六尺爲步，乘六馬。更名河曰德水。以爲水德之始。剛毅戾深，事皆決於法，刻削毋仁恩和義，然後合五德之數。」

〔註40〕《墨經》：「五行毋常勝，說在宜。」是批評五行相勝說的最早資料，但《墨經》著成到底在鄒衍之前，抑之後，則不得而知。

〔註41〕《史記・孟荀列傳》集解引如淳注。

〔註42〕《史記・孟荀列傳》。

〔註 43〕從此之後，陰陽五行成為國家功令，凡識字讀書的人沒有不學它的。所以，從秦統一，一直到東漢中葉以後，各家各派的「生徒」沒有不染上陰陽家色彩的。侯生、盧生等「誦法孔子」，〔註44〕却為始皇求仙藥。始皇坑殺諸生術士，而「孟子徒黨盡矣。」〔註45〕至董仲舒以一代儒宗，而其《春秋繁露》中所說的，十之八九是陰陽機祥。凡此皆足以說明，漢代諸家學術都受到陰陽家的影響。陰陽五行從鄒衍以前低賤的地位，一躍而側身學術界，並執學界牛耳，漢人整理先秦思想時，很自然地將陰陽算作一家。其實陰陽成為學術之一家，及在鄒衍之後也。

第四節　結　論

「陰陽家」這個名詞，始見於司馬談〈論六家要旨〉，乃漢人為便利其論述起見而給予的稱號，非謂先秦時代即有此組織也。蓋遠古社會中自有一流人物，專以交通神明為事，《國語・楚語下》：

> 古者民神不雜。民之精爽不攜貳者，而又能齊肅衷正，其智能上下比義，其聖能光遠宣朗，其明能光照之，其聰能聽徹之，如是則神明降之。在男曰覡、在女曰巫。

男覡女巫，是相對的稱謂，實則一般通稱為巫，如巫咸、巫彭等，都是男性。巫史卜宗祝五官，各位與職能相近，都是為了要知天道而設立的。〔註 45〕其中專擅於天文曆數，據陰陽消息以言天道的，則有所謂「羲和之官」。《尚書・堯典》：

> 乃命羲和，欽若昊天，曆象日月星辰，敬授人時。

《史記・曆書》：

> 蓋黃帝考定星曆，建立五行，起消息，正閏餘，於是有天地神祇物類之官，是謂五官。……其後三苗服九黎之德，故二官咸廢所廢，而閏餘乖次，孟陬殄滅，攝提無紀，曆數失序。堯復遂重黎之後不忘舊者，使復典之，而立羲和之官，明時正度，則陰陽調，風雨節，茂氣至，民無夭疫。

〔註 43〕《史記・始皇本紀》。
〔註 44〕同上。
〔註 45〕參考《國語・楚語下・觀射父之語》。
〔註 45〕參考《國語・楚語下・觀射父之語》。

知重黎之後，爲司天地之官，並主司天文曆數，即春秋時巫史之官所執掌者也。其後民間亦有此流人物，依方技爲食，故稱方士。《墨子・公孟篇》：

> 且有二生於此，善筮，一行爲人筮者，一處而不出者。行爲人筮者與處不出者，其糈孰多？

《史記・貨殖列傳》：

> 醫方諸食技術之人，焦神極能，爲重糈也。

《墨子・貴義篇》

> 子墨子北之齊，遇日者。日者曰：帝以今日殺黑龍於北方，而先生之色黑，不可以北。

這些爲重糈而替人占卜望氣的人，自然都是民間的方士，其所執掌的職務，與官方的巫史大體相同，僅有知識程度上的差別罷了。這些巫史與方士世代相傳，自成一個職業團體，即是陰陽家的前身。

巫史方士的團體，在知識份子眼中是不入名流的，在學術界中更沒有絲毫地位，是以孔孟等有名的學者，竟都沒有提過這類思想。直到鄒衍深觀陰陽消息，加以理論化系統化，使成爲完整閎博的歷史哲學之後，陰陽乃成爲學術之一家。〔註46〕

自秦始皇採用齊人之說，推終始五德之運，自居於水德，又好神仙，大量招收方士，以求奇藥。於是陰陽家思想風起雲湧，席捲了整個思想界，漢初諸子，沒有不受其影響的。在文景時最得勢的道家，固然「因陰陽之大順」，武帝以後號稱獨尊的儒家，骨子裏也還是陰陽五行的。可見這是諸子受了陰陽家的同化，爲陰陽家所併吞，而不是像一般人所說的，陰陽家自附於儒家或道家。

〔註46〕參考本文第四章第三節。

總 結

　　《史記‧太史公自序》分先秦諸子爲六家，《七略》及《漢志》分爲九流十家，這些都是漢人整理古代學術的成果，可以供後人參考。但歷來有部份學者尊古太過，泥守成說，對《七略》及《漢志》之說亦步亦趨，不敢稍有逾越，以至影響了他們研究先秦學術的成績，也妨礙了後人的進展。本文首先列舉三項證據，說明《史》、《漢》的六家十家之分，都只能代表漢人一家之說，並非兩漢儒者的公論，更非先秦的實錄。同時並以先秦文獻中論述諸子的資料，參照《史》、《漢》之說，說明當先秦之世，僅儒墨兩家有其學派稱號及組織，其餘諸家流派，均未經過組織，其學派名稱亦屬後起。

　　九流十家既經證明爲劉歆所劃分，則在同一篇章中被提出的諸子出於王官之說，自然亦屬劉歆一己之見解，而此見解經民初胡適之、馮芝生、傅孟眞先生評騭考辨之後，已見其不可盡信，故近人乃紛紛更立新意，以補苴舊說，惟迄今爲止，尚未有任何一家新的解釋，能爲學者所普遍接受。本文從諸子學說本身，以及先秦有關文獻資料加以勾勒，發現先秦諸子之學派組織，原來具有三種不同性質，即一、有組織的宗派，二、職業團體，三、自然主義的個人思想家。由於三者的組織型態不同，故此其思想與傳統學術、職業技能及時代潮流之間的關係，亦各有親疏淺深之別。如儒家思想與傳統學術的關係極密切，却與時代潮流相違背；道家思想爲時代潮流下之產物，並不需要有文化或職業等傳承；陰陽家思想之成份固極複雜，仔細分析，則皆可一一溯諸於職業技能。因此之故，若果要徹底明瞭先秦學術之派別源流，務必將此三類不同型態之組織，分別研究，始克有成。本文即以儒、道、陰陽三家，代表此三類型態之組織，並分別由傳統學術、職業技能及時代潮

流等因素上着眼，以求出其學術源流。最後並略述其學派之發展過程，以明其流變。

參考書目

1. 《十三經注疏》，藝文印書館影印本。
2. 《詩經傳說彙纂》，鐘鼎文化出版公司。
3. 《書經傳說彙纂》，鐘鼎文化出版公司。
4. 《詩經釋義》，屈萬里，華岡出版社。
5. 《尚書釋義》，屈萬里，華岡出版社。
6. 《雕菰樓易學三書》，焦循，學海堂本。
7. 《周易古經今注》，高亨，樂天出版社影印本。
8. 《春秋大事表》，顧棟高，廣學社影印本。
9. 《春秋左氏傳舊注疏證》，劉文淇，明倫出版社影印本。
10. 《左傳會箋》，竹添光鴻，廣文書局。
11. 《四書集註》，世界書局影印本。
12. 《四書釋地》，閻若璩，學海堂本。
13. 《四書賸言》，毛奇齡，學海堂本。
14. 《論語正義》，劉寶楠，續經解本。
15. 《孟子正義》，焦循，學海堂本。
16. 《墨子閒詁》，孫詒讓，藝文印書館影印本。
17. 《老子》，王弼注，四部叢刊本。
18. 《老子道德經考異》，畢沅，經訓堂本。
19. 《帛書老子》，河洛出版社。
20. 《莊子集釋》，郭慶藩，世界書局。
21. 《荀子集釋》，王先謙，世界書局。
22. 《韓非子》，四部叢刊本。

23. 《商子》，四部叢刊本。

24. 《呂氏春秋》，高誘注，中華書局影印本。

25. 《淮南子》，高誘注，中華書局影印本。

26. 《春秋繁露注》，凌曙，古經解彙函本。

27. 《塩鐵論》，漢魏叢書本。

28. 《白虎通德論》，四部叢刊本。

29. 《中國古代哲學史》，胡適，上海商務印書館。

30. 《中國中古思想史長編》，胡適，胡適紀念館。

31. 《中國哲學史》，馮友蘭，上海商務印書館。

32. 《中國哲學史補》，馮友蘭，台灣大學哲學系。

33. 《中國政治思想史》，陶希聖，南方印書館。

34. 《中國文化與中國知識份子》，胡秋原，亞洲出版社。

35. 《中國思想史》，錢穆，自印本。

36. 《中國人性論史》，徐復觀，商務印書館。

37. 《中國思想史論集》，徐復觀，學生書局。

38. 《中國哲學原論》，唐君毅，香港新亞研究所。

39. 《中國哲學論文初集》，哲學研究編輯部，北京科學出版社。

40. 《中國學術思想變遷之大勢》，梁啓超，中華書局。

41. 《先秦政治思想史》，梁啓超，中華書局。

42. 《先秦諸子考釋》，梁啓超，中華書局。

43. 《諸子辨》，宋濂，世界書局。

44. 《諸子論略》，尹桐陽，廣文書局。

45. 《先秦諸子繫年》，錢穆，香港大學。

46. 《漢代學術史略》，顧頡剛，濟東印書社。

47. 《兩漢學術考》，狩野直喜，日李筑摩書房。

48. 《經學歷史》，皮錫瑞著、周予同注，中華書局香港分局。

49. 《文史通義》，章學誠，河洛出版社。

50. 《古史辨》，顧頡剛等，香港太平書局。

51. 《史記三家注》，世界書局影印新校本。

52. 《史記會注考證》，瀧川龜太郎藝文印書館。

53. 《史記志疑》，梁玉繩，學生書局。

54. 《漢書集注》，顏師古注，世界書局影印新校本。

55. 《漢書補注》，王先謙，藝文印書館。

56. 《漢書藝文志考證》，王應麟，國學基本叢書。

57. 《漢書藝文志講疏》，顧實，廣文書局。

58. 《國語》，韋昭注，四部叢刊本。

59. 《戰國策》，高誘注，藝文印書館。

60. 《十七史商榷》，王鳴盛，廣雅書局。

61. 《卅二史箚記》，趙翼，世界書局。

62. 《春秋史》，童書業，開明書局。

63. 《戰國史》，楊寬，香港文昌書店。

64. 《先秦史》，呂思勉，開明書局。

65. 《秦漢史》，錢穆，自印本。

66. 《秦漢史》，勞幹，中華文化出版事業委員會。

67. 《中國古代社會史》，李宗侗，中華文化出版事業委員會。

68. 《中國古代社會研究》，郭沫若，上海聯合書店。

69. 《周秦漢政治社會結構之研究》，徐復觀，學生書局。

70. 《日知錄》，顧炎武，明倫出版社。

71. 《述學》，汪中，世界書局。

72. 《考信錄》，崔述，世界書局。

73. 《東塾讀書記》，陳澧，商務印書館。

74. 《孔子改制考》，康有為，商務印書館。

75. 《國故論衡》，章太炎，廣文書局影印本。

76. 《國學略說》，章太炎，河洛出版社。

77. 《劉申叔先生遺書》，劉師培，京華書局影印本。

78. 《原儒》，熊十力，明倫出版社。

79. 《讀經示要》，熊十力，廣文書局。

80. 《復性書院講錄》，馬浮，廣文書局。

81. 《觀堂集林》，王國維，中華書局香港分局。

82. 《胡適文存》，胡適，遠東圖書公司。

83. 《傅孟真先生集》，傅斯年，台灣大學。

84. 《書傭論學集》，屈萬里，開明書局。

85. 《梅園論學集》，戴君仁，開明書局。

86. 《梅園論學續集》，戴君仁，藝文印書館。

87. 《老莊哲學》，胡哲敷，上海中華書局。

88. 《莊老通辨》，錢穆，自印本。

89. 《儒道兩家關係論》，津田左右吉，商務國學小叢書。

90. 《先秦兩漢之陰陽五行說，李漢三，維新書局。

91. 《鄒衍遺說考》，王夢鷗，商務印書館。

92. 《神話與詩》，聞一多，藍燈文化公司。

93. 《通志校讎略》，鄭樵，新興書局影印本。

94. 《文獻通考》，馬端臨，新興書局影印本。

95. 《子略》，高似孫，學津討源本。

96. 《四庫全書總目提要》，紀昀，藝文印書館。

97. 《偽書通考》，張心澂，商務印書館。

98. 《古籍導讀》，屈萬里，開明書局。

99. 《先秦經籍考》，武內義雄，河洛出版社。

100. 〈詩書時代的社會變革與其思想上的反映〉，杜衍，《東方雜誌》廿六卷 9-12 期。

101. 〈周代列國之民食政策及儲家之學說〉，馮柳堂，《東方雜誌》卅八卷四號。

102. 〈中國政治哲學與中國歷史中之實際政治〉，馮友蘭，《清華學報》十二卷 1 期。

103. 〈春秋時代的政治和社會〉，雷海宗，《清華社會科學》四卷 1 期。

104. 〈春秋戰國間的社會變動〉，許倬雲，《史語所集刊》卅四本下冊。

105. 〈先秦學術與環境〉，黃建中，《大陸雜誌》十六卷 10 期。

106. 〈先秦歷史哲學管窺〉，齊思和，《史學年報》一卷 1 期。

107. 〈先秦諸子對天的看法〉，許倬雲，《大陸雜誌》十五卷 2、3 期。

108. 〈先秦天道觀與人道觀之關係述評〉，唐端正，《新亞生活》三卷 17 期。

109. 〈論春秋時代之道德精神〉，錢穆，《新亞學報》二卷 2 期。

110. 〈春秋時代的政治和孔子的政治思想〉，梅思平，《民鐸》八卷二號。

111. 〈古代宗法社會與儒家思想的發展〉，曾謇，食貨五卷 7 期。

112. 〈孔子思想的社會背景〉，李樹青，《東方雜誌》四一卷一號。

113. 〈孔子及早期儒家〉，黃建中，《哲學年刊》4 期。

114. 〈孔子的人道哲學思想〉，吳康，《孔孟學報》2 期。

115. 〈孔子的思想及其學派〉，楊向奎，《文史哲》四八年 5 期。

116. 〈孔子對古代文化的整理傳授和發展〉，李景春，《文史哲》五十年 3 期。

117. 〈釋儒〉，饒宗頤，《東方文化》一卷 1 期。

118. 〈儒之釋名及儒家學說要義〉，吳康，《孔孟學報》23 期。

119. 〈儒家學術之發展及其使命〉，牟宗三，《民主評論》一卷 6 期。

120. 〈孔子言學論〉，何定生，《孔孟學報》6 期。

121. 〈孔門論學〉，張亨，《孔孟月刊》22 期。

122. 〈論孔子的正名思想〉，成中英，《出版月刊》22 期。

123. 〈儒服考〉，齊思和，《史學年報》2 期。

124. 〈秦漢的儒〉，沈剛伯，《大陸雜誌》卅八卷 9 期。

125. 〈道家的政治思想〉，錢穆，《民主評論》四卷 13 期。

126. 〈老莊思想與小農社會〉，嵇文甫，《女師大學術季刊》一卷 1 期。

127. 〈老莊人生哲學的同異〉，《東方雜誌》四二卷 11 期。

128. 〈老莊自然主義〉，吳康，《大陸雜誌》9 卷 12 期。

129. 〈老子新考〉，金德建，《文瀾學報》二卷 1 期。

130. 〈老子書晚出補證〉，錢穆，《民主評論》八卷 9 期。

131. 〈有關老子其人其書的再檢討〉，徐復觀，《東海學報》三卷 1 期。

132. 〈戰國道家〉，陳榮捷，《史語所集刊》44 期。

133. 〈五行的起源〉，陳夢家，《燕京學報》24 期。

134. 〈五行說的起源及其演變〉，楊向奎，《文史哲》四四年 11 期。

135. 〈陰陽五行觀念之演變及若干有關文獻的成立時代與解釋的問題〉，徐復觀，《民主評論》十二卷 19-21 期。

136. 〈戰國秦漢間方士考論〉，陳槃，《史語所集刊》十七本。

137. 〈論早期讖緯及其與鄒衍學說之關係〉，陳槃，《史語所集刊》二十本。

138. 〈史字的結構及史官的原始職務〉，勞榦，《大陸雜誌》十四卷 3 期。

139. 〈史官制度〉，李宗侗，《文史哲》五四年 14 期。

140. 〈商代的神話巫術〉，陳夢家，《燕京學報》20 期。

141. 〈中國古代神主與陰陽性器崇拜〉，凌純聲，《民族所集刊》8 期。

142. 〈中國祖廟的起原〉，凌純聲，《民族所集刊》7 期。

（已收入專集之單篇論文不再贅列）